D0873536

J'aime New York

ExploreNY400.com

HUDSON • FULTON • CHAMPLAIN

Québec 🏵🏵

J'aime New York

2nd Edition

A Bilingual Guide to the French Heritage
of New York State / *Guide bilingue de l'héritage
français de l'état de New York*

Edited by
Eloise A. Brière

excelsior editions
State University of New York Press
Albany, New York

Cover image: *Statue of Liberty Enlightening the World*, 1886. Painting by Edward Moran. Museum of the City of New York, J. Clarence Davies Collection, #34.100.260.

Edward Moran, *La Liberté éclairant le monde*, 1886, Huile sur toile. Avec l'autorisation du Musée de la ville de New York, Collection J. Clarence Davies, #34.100.260.

Published by State University of New York Press, Albany

© 2012 State University of New York

All rights reserved

Printed in the United States of America

No part of this book may be used or reproduced in any manner whatsoever without written permission. No part of this book may be stored in a retrieval system or transmitted in any form or by any means including electronic, electrostatic, magnetic tape, mechanical, photocopying, recording, or otherwise without the prior permission in writing of the publisher.

For information, contact State University of New York Press, Albany, NY
www.sunypress.edu

Excelsior Editions is an imprint of State University of New York Press

Production by Eileen Meehan
Marketing by Fran Keneston

Library of Congress Cataloging-in-Publication Data

J'aime New York : a bilingual guide to the French heritage of New York State = Guide bilingue de l'héritage français de l'état de New York / edited by Eloise A. Brière. — 2nd ed.
      p. cm.
  ISBN 978-1-4384-3930-3 (pbk. : alk. paper)
   1. French—New York (State)—History. 2. New York (State)—History.
3. New York (State)—Guidebooks. I. Brière, Eloise A. II. Title: Bilingual guide to the French heritage of New York State. III. Title: Guide bilingue de l'héritage français de l'état de New York.
  F130.F8B74 2011
  974.7'0441—dc22
                                                        2011003033

10 9 8 7 6 5 4 3 2 1

Dedicated to the memory of Gale Munson, teacher of French and member of the American Association of Teachers of French.

TABLE OF CONTENTS

TABLE DES MATIÈRES

PREFACE

The Statue of Liberty is a striking symbol of New York's enduring French ties. Yet like the many French names scattered everywhere across the map of the state, its French dimension has sometimes been forgotten, obscuring the history that New York shares with France and its Canadian neighbor, the Province of Québec.

The music of names and places such as Raquette Lake, the Au Sable River and Lake Bonaparte lingers on, adding a touch of poetry to New York geography, but they have become so familiar that their French connection has been lost. The purpose of this guide to the French heritage of New York State is to peel back the layers of time so that visitors may see its influence in the shaping of New York State.

Who among the thousands of French visitors arriving each year at J. F. Kennedy International Airport knows that Bastille Day is commemorated in Cape Vincent by townspeople who feel they have special ties with the Bonaparte family? Do French tourists venture to New Rochelle or New Paltz to visit homes built in the 1600s by French Huguenot settlers?

Who among the hundreds of thousands of Québécois streaming down the Northway to more southerly destinations has lingered in New York to visit Ste. Marie Among the Iroquois, the first European settlement in western New York, founded by French-Canadian missionaries? Today Ste. Marie is a working 17th-century French colonial village that can be visited from May to October.

Who among the more than 628,810 New Yorkers of French and French-Canadian descent is familiar with the countless sites, from Adirondack forest to industrial centers, that speak directly of their heritage in this state?

Continuing the tradition begun in the 17th century, French and Canadian ties flourish in New York. It attracts commerce from Canada, its largest trading partner, as well as from France.

This guide tells the story of the memorable but half-forgotten chapters of New York State's French history, which form a backdrop for today's ties with France and Canada. The first edition was made possible through a grant from the National Endowment for the Humanities to the Franco-American and Québec Heritage Series at the State University of New York at Albany. This second edition is made possible by the efforts of David Graham who secured the necessary funding from the Ministry of International Relations of the Government of Quebec, the National Office and New York State Chapters of the American Association of Teachers of French, the Hudson-Fulton-Champlain Quadricentennial Committee, the New York State Department of Environmental Conservation, the Natural Heritage Trust and the Champlain Valley National Heritage Partnership.

Those listed below have contributed their efforts to the guide.

—Research—
Constance Carroll, Jacqueline Choinière-Imai, Louis Dupont,
Margaret Lanoue, Eloise Brière

—Project Manager—
David Graham

—Editing—
Eloise Brière, Peter Gerdine, Mark Violette, Jean-François Brière

—French History Consultant—
René Coulet du Gard, PhD

—Translation—
Doris Creegan

2011 edition
—Editing—
Eloise Brière, Field Horne, Edward Knoblauch

—Translation—
Eloise Brière

—Research—
Eloise Brière, Kristen Bini, Kimberly Lamay

INTRODUCTION

The 2000 United States census counted more than 8 million Americans who claim French ancestry. Franco-Americans, the fifth largest ethnic group in the United States, trace their history in North America back more than 400 years. They came as explorers, missionaries, settlers, soldiers, religious refugees, exiles, and immigrants.

Discovery, Exploration and Settlement

In 1524 François I of France, seeking to increase his revenues, began the search for a route to the Orient. Following the example of Queen Isabella of Spain, he commissioned an Italian navigator, Giovanni da Verrazano, to sail the coast of North America from the Carolinas to the Canadian Maritimes on behalf of the French crown. In his explorations, Verrazano is believed to have sailed up the Hudson River, a feat which preceded Henry Hudson's exploration by 85 years. Although Verrazano found no riches, similar efforts by the French continued, and Jacques Cartier was sent to explore the northern portion of North America; he discovered the St. Lawrence River in 1534.

Samuel de Champlain arrived in North America in 1604 and started a settlement in Acadia. His explorations took him as far as Lake Champlain and into New York State. He is thought to have been the first European to describe Niagara Falls. In 1608 Champlain founded the city of Québec. While France was still looking for a route to the Indies, it discovered another source of riches—beaver pelts, for which there was a great demand in Europe. To support the hunters and trappers, some 10,000 French settlers arrived in New France.

1

Religion and Emigration

The 16th and 17th centuries in France were a time of great religious turmoil. During the Reformation, John Calvin converted many fellow Frenchmen to Protestantism. These Huguenots, as they were called, were feared by the Catholic majority in France; this fear led to conflict and war. Many Huguenots fled to England, the Netherlands, Switzerland, and Germany. They belonged to the new middle class: many were skilled craftsmen, especially in the growing textile trade. Although they were welcomed wherever they went, some Huguenots sought greater religious freedom and left for America. The Dutch settlers of Fort Orange (now Albany) in 1624 were mostly French-speaking Waloons from Hainaut who had fled persecution. They were also among the first to settle the Hudson River Valley and Manhattan Island between 1620 and 1626. The passing of the Edict of Nantes in 1598 granted the Huguenots religious and political freedom, but it was repealed in 1685 by Louis XIV; once again the Huguenots were persecuted and fled France. Many came directly to America while others fled to England and other European nations.

France's religious fervor had other effects in North America. The ardor of those seeking a route to the Indies and the pelts of beavers was often exceeded by the zeal of priests, nuns, and laymen. They came not only to support the faith of the settlers, but to convert American Indians to Roman Catholicism. Fathers Jogues, Hennepin, and Marquette are the best known of the countless priest-explorers who came to North America from France. Father Jogues was the first European to see Lake George, which he named Lac du Saint Sacrement. He was tortured to death by the Indians in 1644 and was canonized by the Roman Catholic Church in 1930.

The End of France's North American Empire

The period from 1689 to 1763 is marked by a series of wars. King William's War, Queen Anne's War, and King George's War originated in Europe and spread to North America where they caused conflict between the British and the French. The final war of the period, the French and Indian War (a name often given to all four wars) ended French rule in Canada with the taking of Québec City in 1759 and Montréal in 1760 by the British.

Maintaining control of North America was a difficult task for the British, and the presence of so many British troops caused unrest in the American colonies leading to the American Revolution in 1775. Large numbers of people from Canada and France were sympathetic to the colonists' cause. While Québec could not enter the war, many of her young men joined fighting forces such as the Green Mountain Boys. An entire battalion of French Canadians fought alongside the colonists in the Continental Army. In recognition of their contributions they were given land grants, enabling them to settle in the United States after the war. From France came the Count de Rochambeau, Count de Grasse, and the Marquis de Lafayette, a young and wealthy nobleman who used his personal fortune help the Americans in their struggle. This aid was an important factor in the success of the Revolution.

By the end of the 18th century, the circumstances in France which brought about the French Revolution produced a new wave of French immigrants to the United States, many of whom settled in New York State.

French Canadians Emigrate

French Canadians were growing restive under the oppression of their British conquerors. In 1837, under the leadership of Louis-Joseph Papineau, they revolted. A band of 2,000, armed only with clubs, pitchforks, and wooden guns, was quickly subdued by 8,000 well-armed British soldiers. Many of those who escaped resettled in upper New York State and northern New England. The dissatisfaction and unrest which provoked the revolt continued and was ultimately one of the causes of the mass migration from Québec to the United Sates in the latter half of the 19th century and the beginning of the 20th century.

Large textile mills, developed in England during the Industrial Revolution, were now being reproduced in America. Needing industrious workers, mill owners recruited in Québec. Between 1840 and 1850, 30,000 French Canadians moved south. This migration increased to the point that, each year between 1866 and 1875 50,000 people left Québec. Although the rate of emigration from French Canada decreased, it continued strong well into the middle of the 20th century.

Today there are nearly 630,000 people of French ancestry in New York; they are the state's eighth largest non-English-speaking ethnic group. With such a large population in New York, it is the aim of this guide to examine the contribution made by the French to the shaping of the state.

In this guide, New York is divided into seven geographic regions as follows: Capital District, Lower Hudson Valley, Metropolitan, North Country, Thousand Islands, Central, and Western.

THE CAPITAL DISTRICT

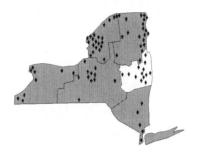

The Capital District is located in the Hudson Valley between the Adirondack and Catskill mountains. This region has a rich French and French-Canadian heritage dating from the 16th century. It has been host to French voyagers, priests, a king, and many ladies in waiting.

ALBANY—It has been said that French traders set up a small fort on what was known as Castle Island at the southern boundary of Albany in 1540. The first permanent settlers were French-speaking Walloons who had sought religious freedom in the Netherlands, sent to the newly-established Fort Orange (now Albany) in 1624.

Philip Schuyler, a prominent citizen of Albany, was host to numerous French travelers in his Georgian style mansion, built in 1760. Visitors to the Schuyler home included Talleyrand, Lafayette, Chastellux, Beaumont, and Tocqueville. Fleeing the French Revolution, Madame de la Tour du Pin, a lady-in-waiting to Marie Antoinette, lived with the Schuylers for a while. She then built her own home and farm in present-day Latham, where the Provincial House of the Sisters of St. Joseph is located, as well as Delatour Road, which commemorates her name.

On an 1824 visit to America, the Marquis de Lafayette described Albany in these words: "It is not a half century since this the town . . . served me as headquarters upon the frontier of a vast wilderness. At present I find Albany a rich and powerful city, the central seat of government of the state of New York, and the surrounding wilds changed into fertile and well cultivated plains." Lafayette spent one year in Albany, in 1778, and the city named Lafayette Park in his honor. The Senate Chamber in the Capitol building (now replaced) hosted Lafayette during his visit in 1824.

According to contemporary accounts when he appeared on the principal balcony of the Chamber to address the crowd, an eagle descended and placed a crown of laurels and evergreens upon his head! Henri La Fayette Villaume Ducoudray Holstein, a general under Napoleon, later settled in Albany and taught languages at the Albany Female Academy where he wrote *The new French Reader* in 1836, based on the theory that a language should be taught without undue translations.

In 1831 Alexis de Tocqueville and his associate Gustave de Beaumont, who were spending five years in the United States studying democracy, wrote of Albany: "In ten years it has doubled its population . . . it has an easy means of communication with New York City and the canals join the Hudson and Lake Erie. Albany is the means to the west."

From the very beginning of its history Albany has been associated with French Canada and Montréal. Among the first settlers of Albany we find a French baker from Montréal, Antoine Lespinard, who "was granted permission to sell bread both to Christians and Indians." During the Colonial period Albany competed with Montréal for control of the fur trade, but Albany and Montréal merchants often engaged in illicit trade, much to the annoyance of their colonial rulers. The Richelieu-Lake Champlain-Hudson water route was often frequented by the *coureurs des bois* and American Indians.

While under Dutch control until 1664, Fort Orange was a safe haven for French missionaries stationed at the thirteen posts that dotted the Mohawk valley to the west. Here the missionaries knew they would find other French-speakers. The Huguenot, Labatie, at Fort Orange, was instrumental in arranging safe passage to Europe for Father Isaac Jogues upon his escape from the Iroquois in 1643. Labatie would later become the biographer of America's first saint.

Between 1810 and 1830, French Canadians from the northern part of the State who had received land for their services during the Revolutionary War (see the North Country) moved to Albany for greater economic opportunities. In 1837, a play was performed and a public meeting was held in Albany to support the French Canadian Patriots who were rebelling against British rule in Canada. A year later one of their leaders, Louis-Joseph Papineau, and his son Amedée, sought refuge in Albany after the British defeated the Patriots.

After 1850, a new group of French Canadians migrated to Albany looking for work. In 1868 Franco-Americans from the area founded the St. Jean Baptiste Association to serve the social-welfare needs of their community. In the same year they established a Catholic parish, Our Lady of the Assumption, located on a site now occupied by the highways leading to the Empire State Plaza. In 1884, Albany was chosen as the site of the National Convention of Franco-Americans. In the same year, the pastor of Assumption Church invited the teaching order of the Sisters of the Holy Names of Jesus and Mary to found a school. French is no longer the language of instruction at the Academy of the Holy Names, but the school maintains the proud tradition brought to Albany by French-Canadian educators over a century ago.

Marie Lajeunesse began her operatic career in Albany. Born at Chambly near Montréal she moved to Albany and was a soloist and a choir director at St. Joseph's Church. She made her Paris debut in 1870 and chose the stage name of Mme Albani. Brahms composed songs for her, and she sang at Queen Victoria's funeral. The Canadian poet William Henry Drummond composed "When Albani Sang" in her honor.

Today, Franco-Americans in the Capital District have their own association, La Fédération Franco-Américaine de New York, and participate in many of the ethnic festivities in Albany. They celebrate the Québec national holiday of St. Jean Baptiste on June 24.

—The Albany Institute of History and Art has several items in its collection from the family of "Citizen" Edmond Genêt, the first ambassador of the French Republic to the United States (see East Greenbush).

Genêt was an active member of the Albany Institute. Genet items may be seen by appointment for research.

In the library: A book written by Edmond Genêt in 1825, *The Upward Forces of Fluids*, and letters from Genêt to Gov. DeWitt Clinton, whose daughter he married.

125 Washington Avenue, Albany. 518-463-4478. www.albanyinstitute.org Museum: Wednesday–Saturday 10:00 am–5:00 pm, Sunday Noon-5:00 pm. Closed to the public on Mondays, Tuesdays, and Major Holidays. Tuesday: Registered groups only.

Library: Thursday 1:30 pm–4:30 pm or by appointment.

General Admission: Adults: $10.00, Seniors: $8.00, Students with ID: $8.00, Children 6–12: $6.00, Children under 6: FREE, Members are always FREE.

—Schuyler Mansion: 32 Catherine Street, Albany. 518-434-0834. www.schuylerfriends.org

Open May 15–October 31: Wednesday–Sunday 11:00 am–5:00 pm.

Admission: $4 adults, $3 students and seniors, children under 12 FREE.

*Please Note: Pre-registered groups and scheduled events may alter tour times. Calling before your visit is recommended.

COHOES—Because of its spectacular waterfall at the confluence of the Hudson and Mohawk Rivers, this small city was a tourist attraction in the 18th and 19th centuries. The Marquis de Chastellux, one of the three major generals who accompanied Rochambeau and the French Expeditionary forces in America from 1780 to 1782, described the falls in his account of his travels through Early America, as "one of the wonders of North America." Industrial development made possible by water power produced by the falls gave Cohoes its nickname, the Spindle City, and attracted many French Canadians. By 1890, 7,000 French Canadians lived in Cohoes, constituting the largest French-Canadian community in upstate New York.

Around 1875–77, Cohoes had five French newspapers: *L'avenir, Le Journal des Dames* (a women's newspaper), *Le journal de Cohoes, l'Indépendant,* and *La Patrie Nouvelle.* No fewer than four French Catholic parishes were established, St. Joseph, Sacred Heart of Jesus, Ste. Marie, and Ste. Anne; and three bilingual parochial schools educated the children. In addition, there were three French theatrical companies formed by amateurs that produced plays in French: l'Athenée Canadien, le Cercle Racine, and le Conseil Montcalm. National conventions of Franco-Americans were held in Cohoes in 1879 and 1882. Until recently, mass on the feast day of St. Jean Baptiste (June 24) was celebrated in French at St. Joseph's Church. The Cohoes Public Library houses a collection relating to French-Canadian genealogical research.

—Cohoes Music Hall, built in 1874; was several well-known artists performed here: Eva Tanguay, highest paid vaudeville performer,

born in Cohoes, and the French actress, Sarah Bernhardt. 58
Remsen St. 518-237-5858. www.cohoesmusichall.com

—Overlook Park, located at the corner of School Street and
Cataract Street off of North Mohawk Street, offers an overlook
view of the Falls. Near routes 787 and 9, the Cohoes Falls are a
spectacular regional attraction.

—Urban Cultural Park: Harmony Mills, a textile center established in 1837, became the largest textile mill in the world by
1868. It attracted thousands of French-Canadian workers, and
by 1880, one of every four workers was French Canadian. The
mills have now been converted into luxury apartments. Tours of
the industrial complex are available.

> The Lofts at Harmony Mills: 100 N. Mohawk Street, Cohoes.
> 518-237-6518. www.harmonymillslofts.com

EAST GREENBUSH—Home of "Citizen" Edmond Genêt, the first
ambassador of the French Republic to the United States. Genêt arrived
in 1793 and eventually married Governor Clinton's daughter. They cre-
ated an estate known as Prospect Hill Farm in East Greenbush beginning
in 1810, where he lived until his death. He is buried in the Greenbush
Reformed Church Cemetery.

SARATOGA SPRINGS—Saratoga Lake, near this resort community,
was first seen by St. Isaac Jogues in 1643, commemorated by the St.
Isaac Jogues Mission Church on the lake. In the 19th century Beaumont
described the spa as ". . . the center of the celebrated waters where the
fashionable society from all over the United States came during the warm
summers." Joseph Bonaparte, King of Spain, visited here; the Casino
in Congress Park possesses an oversized portrait of him painted by the
French artist Paul Achet.

> —Saratoga Springs History Museum, Canfield Casino. Wednesday
> through Sunday 10:00 am–4:00 pm. 518-584-6920. http://www.
> saratogahistory.org/

SCHENECTADY—In 1689 a devastating attack was carried out against
Lachine in Canada, resulting in the death and capture of many. The French,
whose presence in North America was constantly being challenged, decided

to retaliate. In February of 1690, a band of 210 men from Montréal and 96 Native Americans marched toward Albany. When they discovered that Albany was aware of their plans, they turned to Schenectady and attacked this poorly defended settlement.

—Stockade Architectural Walking Tour: A handful of buildings in this district survived the raid and can be seen on a walking tour.

Contact Maureen Gebert, Department of Development. 518-382-5147.

—Union College: Founded in 1795, it was the first college to be chartered by the Regents of the State of New York. It was designed by the French architect, Joseph Jacques Ramée.

—Proctor's Theater: Was built in 1926 by architect Thomas Lamb. Its founder, F. F. Proctor, purchased a Louis XV fireplace, one of four in the United States, for the theater's promenade. 432 State Street, Schenectady. 518-382-1083. www.proctors.org

STILLWATER—The battle fought here is considered the turning point of the American Revolution. France had helped the colonists by providing them with Charlesville muskets and by aiding them in modernizing their artillery system. The American defeat of the British on October 17, 1777 convinced the French government to join forces with the colonists. The Marquis de Chastellux visited the battlefield in 1780 and wrote: "The action was very brisk, to which the fir trees, which are torn by musket and cannon shot, will bear long testimony."

—National Park at Saratoga Battlefield: Routes 4 and 32, Saratoga. 518-664-9821. www.nps.gov/sara

May 1–October 31 9:00 am–5:00 pm (7:00 pm summer) 7 days/week. $5/car, $3/adult

TROY—On his return visit to the United States in 1824, the Marquis de Lafayette visited Troy. At the Emma Willard's Troy Female Seminary, the students arranged a procession and recitation for their distinguished guest. The motto *We Owe Our Schools to Freedom; Freedom to La Fayette* welcomed Lafayette to the school.

—Emma Willard School, 285 Pawling Avenue, Troy, NY 12180. Tel. 518-833-1322

The Catholic Church of St. Jean Baptiste served the large French-Canadian population which had immigrated to work in the mills of the "Collar City." Troy also had a French Newspaper, *L'Avenir National*, and a branch of the Société Saint-Jean Baptiste. It was the site of Franco-American conventions in 1867, 1878, and 1887. Anne-Marie Duval-Thibault, Montréal-born poet and novelist, came here to live in 1877 and wrote about New York's nature and landscape.

WATERVLIET—This city is the site of the United States Arsenal, founded in 1812. The Marquis de Lafayette spoke of it as "one of the most important and best equipped in the nation." Watervliet also had a French Catholic Church, Sacred Heart, and a parochial school where French was taught.

LOWER HUDSON VALLEY

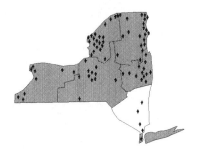

The Hudson Valley, whose landscape was said to rival the splendor of the Rhine in Germany, inspired the Hudson River School of painting. It was also the site of many French Huguenot settlements. The area was dotted with the names De Lancey, De Peyster, Delano (De La Noye), and Jay. Eleven wineries are located in the valley between the Hudson River and the Shawangunk Mountians, following the tradition of winemaking established 300 years ago by French Huguenot settlers.

BLOOMING GROVE—Near here was Pine Hill Farm, the home from 1769 to 1779 of J. Hector St. John de Crèvecoeur, born in Normandy, France. His book, *Letters from an American Farmer*, was the first to explore the American dream and was based on his experiences in Orange County.

GARDINER—is the site of Locust Lawn, a Federal-style house built in 1814 by Colonel Josiah Hasbrouck, a descendant of Huguenots from northwestern France, who served in the Revolutionary War and was a member of the House of Representatives. The tour includes a visit to the gallery of paintings by Ammi Philips of the Hasbrouck and Bevier families.

—Located on Route 32, a few miles south of New Paltz near Gardiner, it is open from June through September, Wednesday to Saturday from 11:00 am–4:00 pm, Sundays in July and August, 1:00 pm–4:00 pm. Admission is charged.

House tours available. 845-255-1660. www.locustlawn.org

HUDSON VALLEY WINERIES—Most offer tours. See website for further information. http://www.hudsonriver.com/winetour.htm

LARCHMONT—A mature commuter suburb, since 1980 Larchmont is the home of the French American School of New York, and a large population of French nationals.

NEW PALTZ—New Paltz was founded in 1678 by Protestants from Northern France and Southern Belgium. They named their village after the Palatinate in Germany where they had found refuge from religious persecution. Historic Huguenot Street is a six-acre National Historic Landmark District that preserves their settlement. The site features seven 18th century stone houses—the earliest built in 1705—and a reconstructed stone church, all in their original setting.

Abraham Hasbrouck House
Jean Hasbrouck House
Bevier-Elting House
Deyo House
Freer House
LeFevre House
DuBois Fort
Crispell Memorial French Church, a 1972 reconstruction of 1717 original

—House tours available. 845-255-1889. www.huguenotstreet.org Guided tours are offered on a walk-in basis May through October every day except Wednesday and on weekends in November and December. Tours leave from the DuBois Fort Visitor Center.

NEW ROCHELLE—The Huguenots arrived at Bonnefoy Point in 1688 and founded New Rochelle. It was named after La Rochelle in France, from which they had fled to escape religious persecution. They obtained from John Pell the territory they needed for their New World colony. They soon established a French Reformed Church (now Trinity St. Paul's Episcopal Church). The grounds of Trinity church and the Parish House relate a history that spans three centuries. The First Presbyterian Church, originally called the French Church, was formed by New Rochelle's early Huguenot settlers in 1688. The first building, destroyed by fire was replaced by a Colonial revival structure designed by John Russell Pope, architect of the Jefferson Memorial. Adjacent to the church building is the Pintard House, one of New Rochelle's oldest remaining houses; this was the home of Pierre Vallade, and later of Lewis Pintard, important New York merchants of Huguenot descent. The French Boys' Academy of New Rochelle educated many prominent men, one of whom was John Jay, Governor of New York and later Chief Justice of the Supreme Court.

—First Presbyterian Church: 50 Pintard Avenue.

—Pintard Manse: built in 1710 by Alexandre Allaire, Pintard Avenue.

—Trinity Church: corner of Huguenot and Division Streets.

RYE—Jay Heritage Center dedicated to the memory of Founding Father John Jay (1745–1829) and his family. The property was purchased by Jay's father, the only son of French Huguenot settlers.

—Jay Heritage Center: 210 Boston Post Road, Rye, NY 10580. 914-698-9275. http://www.jaycenter.org/contact.htm

TIVOLI—Tivoli was developed during the years 1798–1802 by Pierre de Labigarre, who had emigrated from France at the time of the French Revolution. He built the Chateau de Tivoli as the first part of a model community designed by Charles Balthazar Julien Favre de St. Memin, an expatriate from the court of Louis XV. The community was based on a grid system of 60-foot-wide streets which were to be named Friendship, Liberty, Plenty, and Peace. Only the streets named Flora and Diana remain. The development of the community ended with the death of Labigarre and, in 1807, Chancellor Livingston purchased the property.

—Clermont: The Livingstons, a prominent New York family who hosted the Marquis de Lafayette in 1824, gave their home and estate a French name, Clermont. Chancellor Robert R. Livingston, Jr. was Thomas Jefferson's Minister to Napoleon's France and negotiated the Louisiana Purchase. Located one mile north of Tivoli, the estate is open from April to October, Tuesday–Sunday 11:00 am–5:00 pm. (last tour leaves at 4:30 pm) Grounds are open year round dawn to dusk. 518-537-4240.

WEST POINT—From the Revolutionary era through the middle of the 19th century West Point benefited from the military expertise of a number of instructors who originated in France: Claude Crozet, Florimond Masson, Bérard, and Béchèt de Rochefontaine, the commandant of West Point in 1796.

—West Point: The United States Military Academy Visitor Information Center: 845-938-2638. www.usma.edu

Museum open daily from 10:30 am–4:15 pm.

THE METROPOLITAN REGION

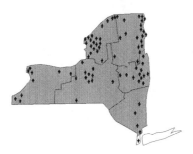

NEW YORK CITY—New York City, once the site of the nation's capital, reflects many aspects of French culture, especially in art and architecture. The city was once called "Little France" because of its many French immigrants. The south side of Marketfield Street became the city's French quarter. The third bishop of New York, Jean Dubois, was born in Paris in 1754; forced to leave France during the Revolution he first carried out missionary work in America. At this time the first refugees from the Haitian Revolution began to arrive in New York. By 1810, the city had a total population of 90,000, of which 10,000 were of French and Francophone stock.

In December 1523, the Italian explorer, Giovanni de Verrazano, under the command of France's François I, sailed from Dieppe, France aboard La Dauphine, looking for a passage to the Orient. The following April he discovered the shoreline of Manhattan and the Hudson River. He described his discovery to François I, ". . . we found a pleasant situation among some little steep hills through which a large river forced its way to the sea." Later he wrote that when the crew was ready to sail for France, he "greatly regretted leaving the region because it seemed so commodious and delightful, and we suppose it to contain great riches." Verrazano gave New York City its first name, "Terre d'Angoulême," for François I who was a member of the House of Valois-Angoulême. In 1965 the Verrazano-Narrows Bridge, which connects Brooklyn to Staten Island, was named in his honor. A statue of Verrazano was also erected, made of stone from Tuscany, his birthplace.

The first Europeans to settle New York were French Huguenots who had fled France and settled in the Netherlands. Coming to America, they founded the colony of Haarlem. When New Harlem was laid out in 1658, of its thirty-two male inhabitants in 1661, nearly half were French and Waloons. The first documented European child to be born in what is now New York was a French Huguenot, Jean Vigne, who was born on a farm near the present Wall Street in 1614. Wall St. derives its name from the origins of the French-speaking Waloons who first settled there. Peter Minuit, a Dutch governor of the colony came from a Walloon family originally from France. The French Church of New York originally called L'Eglise Française à la Nouvelle York received a number of Huguenot immigrants which dramatically increased the French-speaking population of New York. By 1697, according to estimates of that time, among the 4,000 inhabitants of New York City about 15 percent were Huguenots.

There was a constant influx of Huguenots to New York, among them the DeLancey family, whose colonial Georgian-style tavern was a meeting place for the Sons of Liberty in the years leading up the American Revolution. After the Revolution it housed some offices of the Continental Congress. The French Church of the Holy Spirit is one of the enduring monuments to Huguenot presence in the city. In his journal (1835) E. S. Abdy described the French Church where "many come to listen to the pastor recite the service in French just to learn this fashionable language." Once a year, on the Sunday closest to April 15th, the day that the Edict of Nantes was promulgated in 1598, Huguenot descendants from all over the greater New York area gather with the regular congregation to worship as their ancestors did, to sing the hymns that they sang, and to honor the faith and courage of their forefathers. The history of St. Phillip's Church in Harlem dates back to 1702 when Elias Neau, Huguenot, former galley slave and prisoner, petitioned England for missionaries to instruct "Negroes and Indians in New York." In 1704, the Society for the Propagation of the Gospel (SPG) charged Neau with opening the "School for Negroes." Neau taught at the school until his death in 1722.

—Fraunces Tavern, museum and restaurant: Historic house of Etienne DeLancey

(1719). Pearl Street. Open from Monday to Saturday 12:00–5:00 pm. 212-425-1776.

Restaurant: 212-968-1776.

—St. Phillip's Church: 204 W. 134th Street, New York, NY 10030; 212-862-4940. www.stphilipsharlem.dioceseny.org

—French Church of the Holy Spirit (L'Église Française du St. Esprit): 109 East 60th Street. Services Sunday at 11:15 am. French lessons, free of charge at 10:00 am. 212-838-5680. www. stespritnyc.net/welcome

In *Travels in New France*, written in 1760, the anonymous author described his visit to New York City: "I met two French prisoners boarding at their expense at an inn on Broadway. And with my five guineas, I went to stay at this inn. The innkeeper was a Frenchman, who served very good meals three days a week in French style and the rest of the week in English style." At the end of the American Revolution, some celebrated military personalities sojourned in New York City: the Marquis de Lafayette, Admiral de Grasse and the Count of Rochambeau. Talleyrand, one of the most influential diplomats in European history spent two years in America as a political exile during the French Revolution. He resided near the present 75th Street in 1795.

Like many other refugees from the Haitian Revolution, Pierre Toussaint, slave of Jean Berard left Haiti for New York in 1787. Learning a trade at his master's suggestion, Toussaint became one of the most sought-after hairdressers in the city. Freed upon the death of Madame Berard, Toussaint used his considerable resources to carry out works of charity and was one of the founding members of the Church of St. Vincent de Paul on Canal Street (located today on 23rd Street), one of the first integrated churches in New York (see Chelsea below). The process of Toussaint's canonization for the sainthood began in 1951. Toussaint's correspondence is held at the New York Public Library.

French city planners and architects, including Major Pierre L'Enfant, who drew up the plan for Washington, DC, lived in New York. At the intersection of Grand and Centre Streets, L'Enfant designed a pavilion as the destination of a parade held on July 23, 1788 in anticipation of New York State's ratification of the Constitution. He also transformed a Wall Street residence into Federal Hall and built the original St. Paul's Chapel. Béchèt de Rochefontaine, who served under Rochambeau in the Revolutionary War and later became Commander of West Point, is buried in St. Paul's churchyard. Joseph François Magnin, another French architect, built New York City's first St. Patrick's Cathedral and drew up plans for the original City Hall.

After Napoleon's defeat at Waterloo in 1815 and his subsequent abdication, many of his followers came to America. Among these was the illustrator Jacques Gérard Milbert, the author of *Itinéraire Pittoresque du Fleuve Hudson* (*Picturesque Itinerary of the Hudson River*) (1828–29), lithographed by Victor Adams and his colleagues. Another famous painter of French descent, John James Audubon, born in Saint Domingue (Haiti) and raised in France, illustrated American wildlife and is considered to be the first ornithologist of the New World. He is buried in the Trinity Cemetery at 155th Street and Broadway in New York City where the New York Academy of Sciences erected a memorial to Audubon. Alexis de Tocqueville, who had come to observe the workings of American democracy and wrote *De la Démocratie en Amérique* (*Democracy in America*) spent the first and last years of his stay, 1831 and 1835, in New York City.

—Audubon's works are displayed in a special section of the New York Historical Society at 170 Central Park West. 212-873-3400. www.nyhistory.org

Museum and Store Hours: Tuesday–Thursday 10:00 a.m.– 6:00 p.m.; Friday and Saturday 10:00 a.m.–8:00 p.m. Sunday 11:00 a.m.–5:45 P.M. Free will admission.

French Canadians began to arrive in New York City at the start of the 19th century. In 1810 a contingent of voyageurs arrived in canoes from Montréal, hired by John Jacob Astor's Pacific Fur Company, under the direction of Gabriel Franchère. Washington Irving, the American writer, described them as "arriving on a beautiful summer day on the banks of the Hudson, singing old French maritime songs to the amazement and admiration of the people, who had never seen bark canoes in their waters before."

In 1850 the French Canadians of New York City founded the Société St. Jean Baptiste to preserve North American French culture. They were concentrated around the Yorkville neighborhood of Manhattan, on the Upper East Side between 72nd and 100th streets. Also known as Petit Canada, the neighborhood contained several French parochial schools and the St. Jean Baptiste Church. At the fortieth anniversary celebration of the Saint Jean Baptiste Society, the main speaker was Major Edmond Mallet, a Franco-American from Oswego who had become Inspector General for Indian Affairs under President Cleveland. In 1867 the *Public Canadien*, a French-Canadian newspaper began publishing. Six years later a weekly review, *Cosmorama*, was issued. In 1874, the tenth Convention of French

Canadians Living in the U.S. was held in New York City. *La Feuille D'Erable*, the second French-Canadian newspaper in the city, began publication in 1886. In 1874 the tenth national convention of French Canadians in the USA was held in New York.

—The St.-Jean Baptiste Church was founded in 1882 and rebuilt in 1884 to accommodate its growing congregation. Located at 184 E. 76th Street, it was again replaced in 1913 by a larger church (masses and tours in French available). 212-288-5082. www.sjbrcc.net

—The Chelsea neighborhood also had a large population of French immigrants. In 1841, they built the St. Vincent de Paul Church at 123 West 23rd Street. By 1910 the population had increased so much that another French church was built near Columbia University. By the 1950s these churches were more territorial than ethnic, but St. Vincent de Paul Church continues to celebrate mass in French on Sundays at 11:30 am. 212-243-4727.

—The Statue of Liberty was given by France to the United States in 1886. Designed by the Alsatian French sculptor, Frédéric Auguste Bartholdi, a smaller scale version can be seen on an island in the Seine near Grenelle Bridge in Paris. The 151-foot statue is located on Liberty Island, originally called Bedloe Island. The island was owned by Isaac Bedloe, a French Huguenot from Calais, who settled in New York in 1652.

Current park hours: 8:30 am–6:15 pm. Hours are adjusted seasonally and during holiday periods. www.nps.gov/stli/

CENTRAL NEW YORK

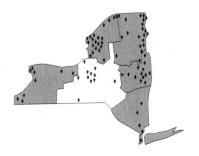

The land surrounding the finger lakes is classified an American Viticultural Area: its microclimate is particularly well-suited to wine grape growing. Champlain was the first European to set foot here in the land of the Onondaga and Oneida, the most influential Native American nations in the area. The French and British fought over this region because it was an important link between the East Coast and the Great Lakes. It abounds with mission sites of the French Jesuits, the first Europeans in this area, who came to convert the Iroquois and established some of the earliest Roman Catholic chapels in North America, carrying on their work in the period from 1656 to 1684.

AURIESVILLE—The site of the Mohawk village Ossernenon where the Jesuit priest, Isaac Jogues (1606–46) was enslaved and tortured in 1636. Escaping his captors, he reached Albany and found safe passage to France. Returning once more to North America in 1644 to continue his work, he established a mission at Ossernenon with Brothers Goupil and Lalande. All three were killed by the Mohawks on October 18, 1646. Nevertheless, between 1646 and 1670, ten more missionaries tried to convert the Native Americans to French interests and the Catholic faith. Their efforts were largely successful, since in 1671 many Native Americans left Caughnawaga, or Kahnawake, (now Fonda) to live among the French in Canada. Today's Indian reservation, Caughnawaga, nine miles south of Montréal, resulted from this migration. In 1884, the Society of Jesus bought the Auriesville site where a chapel was erected. In 1930, Isaac Jogues, the first North American saint, was canonized with seven other "North American Martyrs." Starting over a century ago, the shrine has become a site of many pilgrimages.

—Shrine of Our Lady of Martyrs: 136 Shrine Road, Auriesville, N.Y. 12016. 518-853-3033, http://www.martyrshrine.org/

CAYUGA LAKE—In 1615 Etienne Brulé, an explorer in the service of Samuel de Champlain, traveled to this region accompanied by twelve Hurons. He was followed in 1656 by Jesuit missionaires led by Fr. René Menard, accompanied by ten soldiers and thirty to forty French colonists under the command of M. DuPuys who were setting out to make the first European settlement in New York State, west of the lower Mohawk Valley, at the invitation of the Cayuga.

CONSTANTIA—Frenchman's Island, now a state park, in Oneida Lake, was settled in 1791 by a French family fleeing the political upheaval of the French Revolution (see Lake Oneida). http://newyorktraveler.net/frenchmans-island-of-oneida-lake/

COOPERSTOWN—The home of American novelist and francophile, James Fenimore Cooper. In 1811 he married Susan DeLancey, a descendant of Huguenots. At her urging he published his first book in 1820. A friend of Lafayette, he lived in Paris from 1826 to 1831 where he produced and published *The Prairie, Red Rover, The Water Witch,* and *The Bravo's Tale* as well as the five volumes of his observations comparing French and American values: "In America, fortunes are easily and rapidly acquired; [. . .] Men will, and do, daily, corrupt themselves, in the rapacious pursuit of gain [. . .]. The French, while they are singularly alive to the advantages of money, and extremely liable to yield to its influence in all important matters, rarely permit any manifestations of its power to escape them in their ordinary intercourse." *Gleanings in Europe,* (1838)

ELMIRA—Visiting the area during the 19th century, Louis-Phillipe, Duke of Nemours and Berri, was so struck by the grandeur of Elmira's Shequaga Falls that he made a sketch which hangs in the Louvre today.

—Arnot Art Museum: Open in 1913, it contains a permanent collection of works by French artists including: Gérome, Breton,

Bougereau, Millet, and Rousseau. 235 Lake Street, Elmira. 607-734-3697. Open Tuesday–Saturday 10:00 am–5:00 pm. www. arnotartmuseum.org

FAYETTE, LAFAYETTE, AND FAYETTEVILLE—Two towns and a village named in honor of the Marquis de Lafayette, who visited the area during his second trip to America in 1824.

GREENE—First settled in 1792 by a colony of French refugees. Charles Felix Bué Boulogne had preceded them and purchased a tract of 15,000 acres of land, lying on the east side of the Chenango River. Most of them left within five years.

—The pre-Victorian home overlooking the river was built by Captain Joseph Juliand, the son of Joseph Juliand, the only French emigrant to remain in Greene. 2 Washington, St.

LYONS—The village was laid out by Charles Williamson and derived its name from the city of the same name in France, given the similar locations of both cities on the confluence of two rivers.

MEXICO—This once prosperous town attracted French immigrants from eastern France who settled around Colosse. A French Catholic church, St. Ann's, was erected in the mid-1840s on French Street and continues to offer mass on Sundays. Two cemeteries served the French population in the French Street area, one for Protestants and one for Catholics. In the St. Ann's Catholic Church burial ground, many inscriptions were carved in French; the stones carved by and for the Salladin family, for example, reflect the ethnic heritage of the French community.

—The French Protestant Cemetery is located on State Rte. 11 approximately 1/10 of a mile north of Rte. 69A, between Colosse and Hastings. This religious cemetery is now inactive and many graves have been moved to Central Square and Parish.

—St. Anne, Mother of Mary: 3352 Main Street, PO Box 487, Mexico, NY 13114-0487. Parish Office: 315-963-7182. Fax: 315-963-4032. Email: sstarofs@twcny.rr.com

MONTOUR FALLS—Named after Catherine Montour wife of a Seneca chief and daughter of a Frenchman and Algonquin mother. Mme

Montour who had joined her brother in Albany was considered a "cultural broker" because of her extensive knowledge of both Indian and European languages. She was hired by Robert Hunter, Governor of New York, to aid in communication between the Indian tribes and the English colonies. She became the wife of an Oneida chief, Carundawana, who was killed in 1729. Catherine lived here with her husband, and, after his death, ruled the village wisely.

> —The main attraction is a 150-foot waterfall located on the west side of the village. Around 1820 Louis-Philippe, who would later become the last king of France, toured this region and made a sketch of the Chequaga Falls, which is said to be in the Louvre.

ONEIDA LAKE—On October 11, 1615, Samuel de Champlain led an expedition of French and Native Americans against the enemies of Fort Oneida; it was the first time a group of Europeans had penetrated so far into this region. In the 19th century, Beaumont, traveling companion of Tocqueville, described Oneida Lake as "a charming lake with an island called l'Ile de France," where, according to legend, an exile from the French Revolution lived. He explored the island but never found a trace of the exile.

ONONDAGA—Named for the Onondagas, one of the Five Nations, well-known as orators and warriors. The new Onondaga council-house can be seen in Onondaga Hollow. The old one was burned by the Onondagas in 1690 when they learned of the arrival of Count Frontenac.

OSWEGO—Is the site of Fort Ontario which was built on the Oswego River in 1727 under Gov. William Burnet in an attempt to take the Native American trade away from the French; it was enlarged in 1755. However, the Fort was attacked and captured by the French in August 1756 after a three day battle. By 1860 there were many French Canadians here, and a St.-Jean-Baptiste Society was founded. During the Civil War, Major Edmond Mallet who was born in Montréal, raised a militia of 1,000 French Canadians and Franco-Americans for the Union Army. Mallet later became Inspector General for Indian Affairs. In 1866, the French Canadian teaching order of the Sisters of Saint Anne established a school here.

PAINTED POST—In 1627, French Jesuit priests who had explored the area reported that the local Indians had discovered an oily fossil fuel, which they used for their needs.

PALATINE BRIDGE—Is the site of Tionondogue Caroga Creek. The Jesuit mission of Ste. Marie wa 1668 to 1684. In 1675, Fr. Bruyas prepared a dictio language here. The village was destroyed in 1693 durin battles of the French and Indian wars.

POMPEY—In 1665–66, at the request of Karakontie, a contingent of French settlers was directed to his teach the Native Americans the rudiments of knowledge of the European world. Fearing that their land would be seized, the tribe massacred them three years later. They suspected that the French were connected with a group of Spaniards from Mississippi who were prospecting for silver. The latter had heard that the area had a lake (Onondaga) filled with silver. In reality, it contained only deposits of salt.

SPRINGPORT—The Great Gully Brook near Springport is the site of the second Roman Catholic chapel in New York State. It was served by Fr. René Ménard (1656–58) and Father Etienne de Carheil (1668–84). The René Ménard Bridge, spanning the Seneca River, bears the following inscription: "To the Reverend René Ménard S.J. [. . .] dedicated to the perpetuation of his name."

> —A marker, erected by the Knights of Columbus, is located at Routes 5 and 20, site of the Great Gully Brook Roman Catholic chapel.

STERLING—The first settler was Peter Dumas, a Frenchman, who fought beside Lafayette in the American Revolution. For his services he received land in Sterling.

SYRACUSE—Was founded in 1654 by Father Simon LeMoyne. French soldiers and Jesuit priests visited Syracuse during the 1600s and 1700s for its salt springs, which were often called "Jesuit Wells." In 1656, four Jesuit priests, Fathers LeMercier, Menard, Fremin, and Dablon, aided by fifty Frenchmen, established the mission of Ste. Marie de Gannentaha on Onondaga Lake, near the main village of the Onondaga Indians. The Iroquois allied themselves with the French, who they thought would build a "great fort" to protect them. Father Le Mercier built the mission as a base for the conversion of surrounding Native American groups to Catholicism. He was aided by Fr. LeMoyne, who spent the winter of 1656 under the command of Zachary Dupuis and built a strong redoubt el at Onondaga Lake. Later that year, the French missionaries, ed by the Mohawks, fled to Montréal, fearing that Onondaga would ome their tomb.

—LeMoyne College, named after Fr. LeMoyne, is located in DeWitt, just east of the boundary with Syracuse.

—Sainte Marie Among the Iroquois Museum: Reconstructed mission village and living museum. 315-453-6768. Open May–October, Saturday and Sunday 12:30 pm–5:00 pm. www.onondagacountyparks.com

THE NORTH COUNTRY

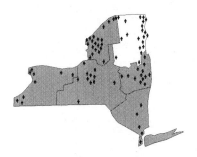

The North Country of the Adirondacks, one of the oldest mountain ranges in the world, contains 46 peaks over 3,820 feet and 6 million acres of forest. The names of mountain peaks, rivers, and lakes attest to the French presence in this part of the state during the age of exploration and discovery. Two of its major lakes, Lake George (Lac du Saint Sacrement) and Lake Champlain, are especially significant in its history. French surnames abound in the North Country and indicate that, despite French/British rivalry before 1763, French settlements were numerous here; Northern New York became the home of many French Canadians and Acadians from Nova Scotia after the Revolutionary War. Governor Clinton, whose daughter married a Frenchman, granted lands along Lake Champlain to French Canadians and Acadians who fought against the British. Under his administration, two laws were passed to accommodate these allies: in 1789 the Nova Scotia Refugee Act, and in 1797 "An Act for the Relief of the Canadian and Nova Scotia Refugees." During the 19th century, economic and social crises in French Canada caused many to seek employment in New York, in lumber and other industries.

The 19th-century travel writer, Marc Cook, observed: "French blood mingles in at least equal proportions with American and probably nine tenths of all these people are descendants from Canadian ancestors . . . The crossing of the nationalities—the uncommon mixture of French peasant and Yankee backwoodsman gives rise to some curious combinations in names. You may find the thoroughly Anglo-Saxon James, John and Henry flanked by such surnames as St. Germain, La Bountie and Robal." (*The Adirondack Reader*, 294)

AU SABLE—(River, Pond, and Chasm): From two French words, "au" and "sable," meaning "of sand," the name seemed appropriate to French explorers because of the river's sandy delta.

—The famed Ausable Chasm, a tourist attraction since 1870, can be visited from mid-May to late October. 518-834-7454.

BOQUET—Named for the French Jesuit lay brother, Charles Bosquet, who was involved in a skirmish with the Mohawks on Lake Champlain. Others believe the Boquet River received its name from bacquet, the French word for trough.

CHAMPLAIN—Marks the border between Canada and New York. Soon after the town was settled in 1783, Canadian settlers arrived, naming the town for the French explorer. As early as 1820, the Rev. Victor Dugas, from the Richelieu area of Québec, responded to the religious needs of the French-Canadian population and moved his portable chapel to Champlain. In 1860 Father François Van Compenhadt founded Saint Marie de L'Assomption Parish. Twenty years later a regional convention of Franco-Americans was held here.

CHAZY—A 300-year-old village on Lake Champlain. Chazy was the first French-Canadian settlement in Clinton County. It was first settled in 1763 and again in 1768 by John la Framboise, who introduced apple cultivation to the area. Driven away after 1776, he returned to Chazy when the war was over and died there in 1810. The name Chazy comes from Capt. de Chazy, a member of a French regiment, the Carignan Sallières, who was killed by an Iroquois war party in 1666.

CROWN POINT—Originally called Pointe a la Chevelure (Scalp Point), Crown Point was the site of the French Fort Saint Frédéric. With anxiety growing over the French claim to the Champlain Valley, King Louis XV of France first approved the construction of a log stockade fort opposite Crown Point in 1731. He then approved the construction of a redoubt on Crown Point in 1734, later named Fort St. Frederic, one of the strongest French forts in North America. After the establishment of the fort, French settlements began to thrive on both shores of Lake Champlain. By 1737, land around Crown Point was divided into seigneuries (land grants), which became fourteen French farms. When the French fort was taken by the British in 1759, the French settlement was abandoned.

The Champlain Memorial Lighthouse was built as part of the Tercentenary celebrations. It houses a bronze bust "La France" by famed French artist Auguste Rodin and depicts a woman reputed to be Rodin's model and mistress, Camille Claudel. The bas-relief bust was presented to the United States by the French people in honor of Champlain in 1912. The Memorial was renovated in 2009 for the Champlain-Hudson Quadricentenary.

—Site of the Fort: East of Route 22 and Route 9N. Museum open May–October, Wednesday–Monday 9:30 am–5:00 pm. 518-597-3666/4666

COOPERSVILLE—Originally called Corbeau, it was founded by Captain Antoine Paulin, originally from St. Marc on the Richelieu river. He was also a member of "Congress' Own" regiments of Canadians that fought for American independence. In 1828, Fr. Victor Dugas became the resident priest of Saint Joseph de Corbeau, the first French-Canadian parish in the United States. Built in 1844, its church is the oldest French-Canadian church building in New York State.

ELIZABETHTOWN—On the Boquet River, was founded during the late 1700s as part of William Gilliland's scheme to settle the area with Irish immigrants. It was a lumbering center tied to the Québec export market; many French Canadians found work here. The words to the song "The Dance at Elizabethtown" (author unknown) illustrate the town's ethnic makeup:

There was four of us big Irish lads
Got on the floor to dance
With four as pretty French girls
As ever came from France.

FORT EDWARD—Site of a fort built by the British during the French and Indian Wars, it was a very important arms depot and a meeting place for armies in the great expeditions against Canada.

FORT TICONDEROGA—Site of the French Fort Carillon, built between 1755 and 1759 under Pierre de Rigaud de Vaudreuil, Governor of Canada. Ticonderoga, one of the great strategic places in North America was lost by the French in 1759. A national historic landmark, Fort Ticonderoga is an excellent example of French military architecture, built in the characteristic Vauban star-shaped style. Thirty forts of this period and style remain in both France and America. Its library contains over 13,000 volumes focusing on the military history of northeastern North America and New France during the 18th century. A French village was located outside the fort; mass was celebrated for soldiers and villagers alike in the village chapel.

—Route 73. Open May–October, 9:00 am–5:00 pm. 518-585-2821. Admission charged.

KEESEVILLE—Is situated on both sides of the Au Sable River, first called Longue Chute. In the 19th century it had a thriving economy based on lumbering, woolen textiles, and iron works, and attracted French-Canadian workers. St. Jean Baptiste Church was founded by the French-speaking Catholic community on the site of the 1825 Baptist Church. Eventually needing a larger place, the Catholics moved the building to its current location, just in front of Keeseville's Old Burying Ground. On the old site, in 1901, they built St. John the Baptist Roman Catholic Church, with its twin 125-foot towers. Father Fabien Barnabé, pastor of the parish, gave sanctuary to Louis Riel, French-Canadian Metis leader and founder of the Province of Manitoba, in 1873 and again in 1877 when he was persecuted by the Canadian government.

LAKE CHAMPLAIN—In 1609, the explorer Samuel de Champlain accompanied a party of Algonquin, Montagnais, and Huron Indians on their way to fight the Mohawk Iroquois. On the fourteenth of July his party entered Lake Champlain, which he described as "a great lake full of islands and a great extent of fine country on the shores of the lake." The party later encountered the Mohawk enemies at Ticonderoga, Champlain killing two chiefs and a warrior with one shot of his arquebus, ending for many years the fighting that had been going on between the Mohawk and their northern neighbors. French military strategists spent several years developing plans to use Lake Champlain to launch an attack on the English colonies. In June of 1689, Louis XIV finally approved an assault, but 1,300 Mohawk Iroquois invaded Canada at the urging of the English before the plan could be put into action, destroying the village of Lachine on the island of Montreal. In 1697, the Peace of

Ryswick ended the hostilities. When the lake was open to steam navigation in 1818, many French Canadians migrated to the area to work as dockers.

LAKE GEORGE—In 1642 the French missionaries Rene Goupil and Guillaume Coutre were the first Europeans to see the lake. In 1646, Father Isaac Jogues, arriving at the lake on the eve of the feast of Corpus Christi, named it Lac du Saint Sacrement in honor of the religious feast-day. In 1755 it was renamed Lake George by the British. French can be heard in the streets of Lake George, especially during the summer, since its tourism industry relies heavily on Québécois.

—Fort William Henry: A reconstruction of the British fort which was taken by Montcalm during the French and Indian Wars. Route 9. Open May–October 9:00 am–6:00 pm. 518-668-5471. Admission $14.95 for adults.

—In Lake George Battlefield park is a sculpture of Jogues by Charles Keck. The inscription reads "Ambassador of peace from New France to the Five Nations of Iroquois." Numerous annual pilgrimages are held at the site.

LAKE LUZERNE—Named in 1808 for le Chevalier de la Luzerne, Minister of France to the United States.

PLATTSBURGH—Located on Lake Champlain, a short distance from the Canadian border. During Papineau's rebellion in 1837–38, Plattsburgh was used as an asylum by French-Canadian patriots, many of whom became United States residents. In 1854, after having shared a church with the Irish, the French-Canadian community established a French Catholic parish, St. Peter's, which was served by the Oblate Order. Plattsburgh is part of the Franco-American Province of the Oblate Order whose headquarters are in France. In 1871, Plattsburgh's French community founded a chapter of the Société St-Jean Baptiste (Association St-Jean Baptiste de Plattsburgh, NY) A newspaper, *Le National*, was started in 1882, and a year later Plattsburgh was the site of the sixth annual convention of the French Canadians of New York State. During the summer, Plattsburgh is a favorite spot of vacationing Montréalers. The Center for the Study of Canada is located at the State University of New York at Plattsburgh.

RAQUETTE— (River and Lake) Raquette is the North American French term for snowshoe. Folklore offers several explanations of how the river and lake received their French Canadian names.

ROUSES POINT—Named for Jacques Roux, a French Canadian soldier, who fought alongside the Americans during America's war of Independence. In 1838, Ludger Duvernay, a famous French-Canadian patriot, fled the British after the uprisings and settled in Rouses Point.

SARANAC LAKE—Dr. Edward Livingston Trudeau, whose father's family was from Louisiana via Québec and whose mother's family was from Paris, spent most of his boyhood in France. He recovered from a terminal respiratory ailment in the mountain environment of Saranac Lake. A medical doctor, he established a sanatorium for tuberculosis patients. Prominent among those seeking the beneficial effects of Saranac Lake's air were Mark Twain, Robert Louis Stevenson, and Somerset Maugham. Stevenson wrote to a friend in 1887: "Looking down over one of the dappled wintry landscapes . . . I wish I could still get into the woods; alas 'nous n'irons plus au bois' is my poor song."

—The Trudeau Institute, commited to medical research, is located at 154 Algonquin Avenue, Saranac Lake, NY 12983. 518-891-3080.

SCHROON LAKE—According to legend, Schroon Lake was named for Françoise d'Aubigné, wife of the French writer, Paul Scarron. After her husband's death in 1660, she became governess of the royal family and purchased property at Maintenon, hence her title, "Madame de Maintenon." After the death of Queen Marie-Thérèse in 1684, she became the morganatic wife of Louis XIV.

TUPPER LAKE—Has a large French-Canadian population, which founded a St. Jean Baptiste Society in 1893. A French-language parochial school, Holy Ghost Academy, was established in the early 20th century by the Daughters of the Holy Ghost from Brittany, exiled from France due to anti-clericalism. This religious order remained in Tupper Lake from 1903 to 2003. The parochial school, supported by the Church of St. Alphonsus, enrolled between four to five hundred children.

WHITEHALL—Located at the southern end of Lake Champlain, it was described by Beaumont as one of the most wonderful lands he had ever seen, from which one could see Vermont's mountains in the distance. Because of its abundant water power, Whitehall had many thriving industries during the latter half of the 19th and first half of the 20th centuries. It has a large Franco-American population and a French Catholic Church, Notre Dame des Victoires, founded in 1886. Now called Our Lady of Hope, Notre Dame des Victoires merged with Our Lady of Angels in 1986, an Irish parish; mass is held in the old Notre Dame building.

THOUSAND ISLANDS

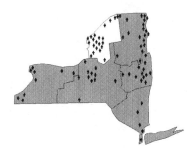

The history of the Thousand Islands Seaway region provides a unique panorama of France's involvement in the New World. Its missions, trading posts, and agricultural settlements give the area a close connection to Ontario and Québec, much of whose history lies in 18th-century New World exploration. The 19th century brought a number of aristocratic émigrés from France, seeking refuge from the French Revolution and its aftermath. The presence of these two French elements give the area a texture rarely found in other Franco-American communities in the United States.

The Thousand Islands, or les Mille Isles, is located at the source of the St. Lawrence River. The region was long traveled by the French missionaries and explorers, who spread Catholicism and claimed much of the New World for France. In 1615 Samuel de Champlain landed at what is now Ellisburg, south of Watertown. French-Canadian settlements eventually extended to the south side of the river, which was a natural conduit for communication and trade. Fort Présentation, today Ogdensburg, was one of a chain of 18th-century French missions extending throughout New York and beyond, into the interior waterways of the continent.

After the Indian Treaty of 1788 and sale of the vast tract known as the Macomb Purchase in 1792, settlement began in earnest in the forests between the St. Lawrence and Black rivers. Pierre Chassanis, Director of the Compagnie de New York, purchased thousands of acres that he hoped he could sell to royalists from France, who were dispossessed after the French Revolution. The area is dotted with limestone houses built by these settlers, many of whom came from Lorraine, especially the communes of Saint Marcel and Rosière, and from the province of Champagne. Two towns were planned: Basle, in Dexter, and Castorland, in Lyonsdale. The first group of settlers was wiped out by disease in 1793. Between 1796 and 1800, twenty noble families settled in Castorland during the aftermath of the French Revolution. By 1804 hardship had taken its toll, and many families returned to France. However, French colonization was not over.

Jacques-Donatien Le Ray de Chaumont of Nantes, a friend of Benjamin Franklin and a financier with land holdings on the Loire in France, became sympathetic to the American cause. It was Le Ray, called "French Father of the American Revolution" by many scholars, who encouraged French loans to the colonies. From his own funds he equipped many of the ships used by John Paul Jones to terrorize the English coast. He sent a cargo of gunpowder to Boston and clothing to LaFayette's army, and greatly assisted Franklin's efforts in Paris. After the War, Le Ray sent his son, Jacques, to the United States to seek repayment of outstanding loans. Although he was unsuccessful in this mission, Jacques met and married a young American woman and purchased lands in Otsego, Jefferson, and Lewis counties. He returned to France and remained there during the French Revolution. In 1808 Jacques Le Ray moved his family to the Castorland tract in northern New York (see LeRaysville).

After the fall of Napoleon, a French law banished the Bonapartes from France; a number of Bonapartist émigrés settled at Cape Vincent. In 1815 Le Ray was visited by Joseph Bonaparte, the deposed King of Spain and brother of Emperor Napoleon I. Joseph purchased 26,840 acres of property near Natural Bridge for $120,000, where he later built a home and hunting lodge (see Lake Bonaparte and Natural Bridge). The house was built to serve as Napoleon's home should the emperor escape from St. Helena. Members of the colony included Count Réal, member of Napoleon's Conseil d'État; Professor Pigeon, a famed astronomer; and Marshal Grouchy, of Waterloo fame.

ALEXANDRIA BAY—Named for a son of Jacques Le Ray, Alexandre Le Ray, who built a wharf and warehouse here.

ANTWERP—Site of four houses built by Caroline de Faille Benton, illegitimate daughter of Joseph Bonaparte and Annette Savage. She is buried in the Presbyterian Cemetery at Oxbow on what had once been her father's land.

CAPE VINCENT—Named for one of the sons of Jacques-Donatien Le Ray de Chaumont. In 1818 a group of aristocratic French refugees arrived, associates of Napoleon. Le Ray built a wharf and warehouse, laid out broad streets, and built a Catholic church, which he endowed with 100 acres of land. The 19th-century French illustrator Milbert said of the region, "the population is a mixture of American, German and Canadian; the latter both male and female are tall and handsome, and several of the girls are remarkably attractive . . . usually Canadians do not build their homes on this side of the river but some work as masons and carpenters; yet their favorite profession is plying boats and all these men seem to have inherited skill and intrepidity from their ancestors of Dieppe, those navigators who were to settle this region." (*Itinéraire pittoresque du fleuve Hudson et des parties latérales de l'Amérique du Nord*, Paris, 1828–29)

—Cape Vincent celebrates a French Festival on the second Saturday in July to commemorate Bastille Day. Traditional French foods are served, and there is folk music and dancing.

—Cape Vincent Museum: Contains genealogies, photographs, and artifacts from founding French families. 175 North James Street. 315-654-4400. Open June, July and August on Wednesday from 10:00 am–4:00 pm and from 7:00 pm–9:00 pm. www.capevincent.org/attractions

—Cup and Saucer House: Built in 1821 by Count Pierre-François Réal, a former prefect of police for Napoleon Bonaparte. Described as "octagonal in shape, the main portion or saucer and cup housed two rooms containing Napoleonic relics." The Cup and Saucer House was destroyed by fire in 1867.

—House of Jean-Phillipe du Fort: James and Lake Streets. Built between 1818 and 1821, the house has a coffered ceiling with 24 paintings, including portraits of LaFayette, Napoleon Bonaparte, and Chateaubriand.

—Stone House: Located on Tibetts Point. Home of Vincent Le Ray, built of limestone. It is listed on the National Historic Register.

—Xavier Chevalier House: 6338 Gosière Road. Built of limestone in 1852. Chevalier, of Québec origin, purchased the land from Vincent Le Ray.

—Nicolas Cocaigne Farm: 2867 Favret Road. Built by Cocaigne from Aubercy, France.

—Rosière Cemetery: Tombstones of French settlers dating back to the beginning of the 19th century.

CARTHAGE—In 1798 Henri Boutin claimed 1,000 acres of land near the Long Falls, now called Carthage. While making improvements on his land, he was drowned in a flood. In the 1800s Le Ray built a forge and blast furnace for iron ore in Carthage.

CHAMPION—In 1798, Jean Baptiste Bossuot from Troyes in France, established a ferry and tavern on the Black River. Site of the home of Baroness Jenika Feriet (see Deferiet). Her stone residence, built in 1834, was known as the Hermitage. Madame de Feriet entertained lavishly and had a reputation as an artist, linguist, and wit. Fire destroyed the Hermitage in 1871.

CHATEAUGAY—Named for an adjoining land grant owned by Charles LeMoyne. This village, located on what is now US Route 11, was settled in 1796, primarily by Vermonters. French Canadians arrived between 1837–1840, about the time of the Papineau rebellion.

CHAUMONT—This town is named for Jacques Le Ray de Chaumont, whose family owned the Chateau de Chaumont on the Loire in France. He owned much of Jefferson County and built the first fieldstone house in the area. It is also the site of a hunting lodge owned by Vincent Le Ray de Chaumont which later became a tavern. It is now known as the Charles Dunham House.

DEFERIET—Named for Jenika Feriet, maid-of-honor to Marie-Antoinette, she left France at the outbreak of the French Revolution. She was a friend of the Le Ray family (see Champion, above).

ELLISBURG—First landing in the region by Samuel de Champlain in 1615.

EVANS MILLS—DeFaille House: Home of Annette Savage, mistress of Joseph Bonaparte, built in 1818.

HOGANSBURG—A hamlet in the St. Regis Mohawk Reservation. Originally named St. Regis, after Jean-François Regis, a nobleman who died in France before his departure for the New World, where he had been assigned missionary work.

LAFARGEVILLE—Named for John Lafarge, an ensign in Napoleon's navy, who fought in the Haitian Revolution, was one of the great French landowners in Jefferson County. In 1817 he bought land in the northern part of the county. He built a house at Theresa but moved away because of vandals and squatters. He built a second house, known as Orleans House, at Log Mills, later Lafargeville. In 1833, Lafarge built the Lafarge Mansion, which had lovely gardens and fountains, about a mile from Lafargeville; however, his young wife convinced him to leave the area and they settled in New York City. Bishop Dubois, Archbishop of New York City, bought the mansion in 1840 and founded a Catholic theological school here.

LAKE BONAPARTE—Named for Napoleon's brother, Joseph Bonaparte, King of Spain, who purchased 26,840 acres in northern New York from James Le Ray. He lived on the lake and had a hunting lodge near Alpina. Here a mini-court feasted and entertained throughout the summer, floating on the lake in a six-oared gondola.

LERAYSVILLE—Site of the Le Ray Manor house, home of Jacques Le Ray, considered to be "Father of the North Country." Built in 1808, the four Doric-columned, neoclassical villa is now the residence of the general commanding the 9th Division of the American Light Infantry at Fort Drum. The Le Ray home was considered the cultural center of the French émigrés during the nineteenth century. The French illustrator Milbert visited LeRaysville and included the mansion in his portfolio of American scenery.

LYONSDALE—The Castorland colony was a short-lived French refugee settlement begun in 1792.

MALONE—More than 60 percent of its residents are of French Canadian descent. There has always been a strong link to French Canada. A French-Canadian parish, Notre Dame de Malone, was established in 1868. French organizations in Malone include the Société de bienfaisance Saint Jean Baptiste de Malone, founded in 1872, and the Union of St. Joseph's, founded in 1874.

MASSENA—Founded by Amable Faucher and named for André Massena, a veteran of the Napoleonic Wars. The Massena power plant at the Moses Dam has a mural showing Jacques Cartier's route through the rapids during his exploration of the water routes leading west.

NATURAL BRIDGE—Site of the wooden house Joseph Bonaparte built in 1828. It has been described as "having thick bullet proof walls and . . . concealable portholes from which one could see or shoot from within to deter an anti-Napoleonist." While in residence, Bonaparte chose the pseudonym the Count de Survilliers. Razed in 1901, the house was on the Indian River.

OGDENSBURG—The French Jesuit priest François Piquet built Fort Présentation in 1749 to conduct missionary work among the Native Americans and develop a fur trading post. Monsignor Laval, the first Bishop of Canada, visited Piquet's chapel in 1757. The City of Ogdensburg stands on the site of the fort. About 60 percent of the population is of French-Canadian origin, and relations with Canada are close and friendly. In 1837 Ogdensburg was a base for American aid in the Patriots' War, an abortive effort by Canadian groups and American sympathizers to free Canada from the yoke of the British. During this war, residents founded a French Catholic parish.

ORLEANS—Named by Jean LaFarge for Orleans, France.

PLESSIS—Jacques Le Ray gave this hamlet the name of one of his estates in France, and built a grist mill here.

WADDINGTON—Before the surrender of the Isle Royale to the British in 1760, a French commander buried 500 pounds of gold. About 1860, Pauchet, who passed as the commander's grandson, dug up the cache of gold. Before he could make it to shore, a storm blew in. He refused to dump the treasure, tied it around his waist, and drowned.

WATERTOWN—Site of the Roswell P. Flower Memorial Library, whose Joseph Bonaparte Room, houses French paintings and French period room furnishings.

> 229 Washington Street. 315-788-2352. Open year round. Closed Saturdays and Sundays, Memorial Day, and Labor Day. www. flowermemoriallibrary.org/

WESTERN NEW YORK

The French saw Niagara Falls as their greatest obstacle to successful penetration into the continent's interior. The portage around the falls was the key to a water transportation system that stretched from the French capital at Québec across much of North America. The Niagara Frontier was the gateway to the West and the Mississippi Valley for most French explorers and coureurs des bois. The region was first visited by French Jesuit missionaries between 1620 to 1640. The French explorer, Robert Cavalier, Sieur de la Salle, traveled to the western frontier in the winter of 1678–79. La Salle gave one of the earliest written accounts of Niagara Falls. He built the first of a series of forts here that would long be fought over, the last being Fort Niagara.

More than one hundred years passed between La Salle's exploration and permanent settlement. Then, in the 18th century, Louis-Thomas Chabert de Joncaire, a French trader, was granted permission to establish a trading post for the French government. Six years later, in 1726, he led negotiations resulting in construction of a fortification giving the French control of the Niagara portage and the gateway to the West.

ANGELICA—In 1805 the proprietor, Judge Philip Church, welcomed some French royalist refugees, the d'Autremonts and the Du Ponts, who settled here.

BUFFALO—The origin of the name is uncertain. One theory is that the name derives from the French words *beau fleuve*, meaning beautiful river. According to one source the first name of the Buffalo River, which was named before the city, was *Rivière aux Chevaux*, meaning River of the Horses. Buffalo is the second largest city in the state. Settled by the French in 1758, it was destroyed the following year during the last French and British conflict in North America. In 1831 when Beaumont visited Buffalo with Tocqueville he wrote that Buffalo is "no longer a miserable Indian village . . . , but a growing community with 1500 population, who are fur traders."

> —Albright-Knox Art Museum: Houses a collection of French paintings. 1285 Elmwood Avenue. 716-882-8700. Open Wednesday and Thursday 10:00 am–5:00 pm. www.albrightknox.org/

CELORON—Céloron de Blainville, commander at Fort Niagara from 1744–47, placed boundary markers, in the form of engraved lead plates, near the present site of Celoron in 1749. These markers gave France territorial rights to the Ohio Valley.

CHARLOTTE—In 1669 two Jesuit priests, Gallinée and Dollier, met here and preached the Catholic faith to the Senecas of the region.

LEROY—Named in honor of Herman Le Roy, a French émigré, the original purchaser of this land tract.

LEWISTON AND YOUNGSTOWN—The French fort, Fort Conti, was built at the site of Youngstown in the winter of 1678–79 by La Salle to protect a ship-building project he was directing. The fort was merely a stockade and storehouse for supplies for the men working above the falls. After La Salle's ship, *Le Griffon*, was lost in 1679, Fort Conti burned and was abandoned. The fort lasted for less than a year, but it was the first crack in the Iroquois barrier on the Niagara. In 1687 Governor Denonville built another, Fort Denonville, on the Niagara River, to establish a French presence on the Niagara Frontier and to demonstrate French military force to the Iroquois. The following winter, irritated by this presence on their lands, the Iroquois hovered near the fort and isolated the one hundred man garrison. By the spring of 1688, only twelve men survived. In memory of the dead, Father Pierre Millet erected an 18-foot wooden cross. The bronze cross that bears his name, dedicated in 1926, evokes the memory of that first cross. The French would then forgo the Niagara portage for the next thirty years.

In 1719, the French put aside confrontation and began negotiations with the Iroquois. Louis Thomas Chabert de Joncaire, who had lived with the Senecas and spoke their language, negotiated for the construction of a trading post. He obtained permission to build it one year later at the site of present-day Lewiston. Six years later he was asked to persuade the Native Americans to let the French build a new trading post below the falls. The French then built a real fortified house, known as the Castle, which was completed in 1727. For thirty years, thanks to this castle which became Fort Niagara, the French were the guardians of the portage and controlled the gateway to the west.

In 1755–56, during the conflicts for military and political supremacy between the French and the British, the French reinforced the fort to resist British attacks. In the summer of 1759, the French Captain Pouchot and his men, besieged by the troops of British General John Prideaux (who died during the seige), made a heroic defense to turn back the British forces that outnumbered them. For 19 days the attackers dug trenches closer and closer to the walls but were unable to take the fort. On the 25th of July, a day or two short of the arrival of French reinforcements, Captain Pouchot surrendered Fort Niagara to Sir William Johnson, Prideaux's second-in-command. The capture of the fort ended the French efforts in this region.

—Old Fort Niagara: A reconstruction of the fort. Robert Moses Parkway. 716-745-7611. Open daily 9:00 am-5:00 pm except July and August 9:00 am–7:00 pm. oldfortniagara.org/

NIAGARA FALLS—This wonder of the world was seen by French voyageurs and missionaries throughout the 17th and 18th centuries. The first known eyewitness description of Niagara Falls was by Father Louis Hennepin, a French missionary. In December 1678 Hennepin and several companions reached the mighty cataract. His description went into minute detail, marred only by his exaggeration of the height of the Falls. Since Niagara was an important outpost for New France, two forts were built near the Falls (see Lewiston and Youngstown).

According to local legend, Jerome Bonaparte, a brother of Napoleon, began the practice of going to Niagara Falls on a honeymoon trip. In the winter of 1803–04, he took his bride, Elizabeth Patterson of Baltimore, to see the Falls. American couples followed suit. Until railroads were completed in the 1830s to 1850s the journey was arduous, and those honeymooners who made it to the Falls stayed for weeks and even months.

ROCHESTER—A 19th-century industrial city, it attracted many immigrant groups including the French Canadians. In 1848, taking into account the city's growing French-Canadian population, the bishop of Buffalo established a French mission. Thirty-seven years later, in 1885, the National Convention of French Canadians in the United States was held in Rochester.

VICTOR—The site of Gannagaro, a large Seneca village, destroyed by the French under the Marquis Denonville in 1687. The pass near Victor was the site of a battle between the French and the Seneca. Prior to this, Fr. Joseph Chaumont arrived to convert the Native Americans in 1658; fifteen years later, another Jesuit priest, Fr. Pierron, built St. Jacques's Chapel.

   —Ganondagan State Historic Site. Recreated Seneca village. Boughton Hill Road. 585-924-5848. Visitor center open May–Sept. Tues.–Sun. 9 am–5 pm. www.ganondagan.org

YOUNGSTOWN—See Lewistown and Youngstown above.

FIGURE I

Official New York State Lake Champlain Quadricentennial Commemorative Medal. Reproduced by permission from the Collection of the Samuel de Champlain History Center, Champlain, New York. Photograph courtesy of David Patrick.

Médaille commémorative officielle de l'État de New-York du quadricentenaire du lac Champlain. Avec l'autorisation du Centre historique Samuel de Champlain, Champlain, New York. Photographie de David Patrick.

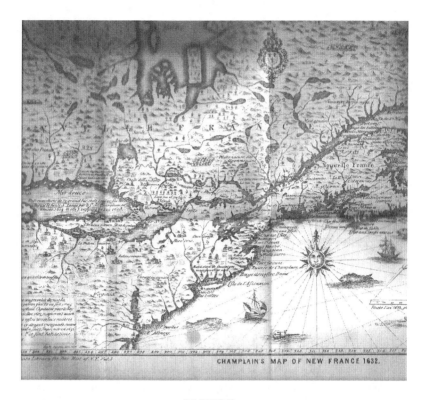

CHAMPLAIN'S MAP OF NEW FRANCE 1632.

FIGURE 2

Champlain's map of New France, 1632. E.B. O'Callaghan, *The Documentary History of the State of New York* as reproduced in *Chronicles of Lake Champlain: Journeys in War and Peace* by Russell P. Bellico, (Fleichmanns, N.Y.: Purple Mountain Press, 1999). Reproduced by permission from the publisher.

Carte de la Nouvelle-France par Samuel de Champlain, 1632. E.B. O'Callaghan, *The Documentary History of the State of New York* (*Histoire documentaire de l'état de New York*) dans *Chronicles of Lake Champlain: Journeys in War and Peace* (*Les chroniques du lac Champlain : voyages dans la guerre et la paix*), Russell P. Bellico (Fleichmanns, N.Y.: Purple Mountain Press, 1999). Avec l'autorisation de l'éditeur.

FIGURE 3

Samuel de Champlain's original drawing of the Battle with the Iroquois (Archives nationales du Canada). As reproduced in *Chronicles of Lake Champlain: Journeys in War and Peace* by Russell P. Bellico, (Fleichmanns, N.Y.: Purple Mountain Press, 1999). Reproduced by permission from the publisher.

Dessin original par Samuel de Champlain de la bataille avec les Iroquois (Archives nationales du Canada). Dans *Chronicles of Lake Champlain: Journeys in War and Peace* (*Les chroniques du lac Champlain: voyages dans la guerre et la paix*) par Russell P. Bellico (Fleichmanns, N.Y.: Purple Mountain Press, 1999). Avec l'autorisation de l'éditeur.

John Jay

FIGURE 4

John Jay, diplomat, n.d. Print. Reproduced by permission from the New York Public Library, Miriam and Ira D. Wallach Division of Art, Prints and Photographs.

John Jay, diplomate américain en France, premier président de la Cour Suprême ou Tribunal de grande instance, s.d. Estampe. Avec l'autorisation de la New York Public Library, Division Miriam et Ira D. Wallach d'Art, d'estampes et de photographies.

MAJ.GEN.THE MARQUIS de LAFAYETTE.

FIGURE 5

H.B. Hall, *Maj. Gen. the Marquis de Lafayette*, n.d. Print. Reproduced by permission from the New York Public Library, Miriam and Ira D. Wallach Division of Art, Prints and Photographs.

H.B. Hall, *Le major-général, Marquis de Lafayette,* s.d. Estampe. Avec l'autorisation de la New York Public Library, Division Miriam et Ira D. Wallach d' Art, d'estampes et photographies.

FIGURE 6

Emma Albani. Reproduced by permission from the Library of Congress, Prints and Photographs Division, Washington, D.C., Bain Collection, LG-DIG-ggbain-37965.

Emma Albani. Avec l'autorisation de la Bibliothèque du Congrès, Washington D.C., Collection Bain, LG-DIG-ggbain-37965.

FIGURE 7

Jacques Gérard Milbert, *Falls of Cohoes, of the River Mohawk,* in *Itinéraire pittoresque du fleuve Hudson et des parties latérales de l'Amérique du Nord, d'après les dessins originaux pris sur les lieux.* Atlas. 1828. Lithograph. Reproduced by permission from the New York Public Library, Milstein Division of United States History, Local History & Genealogy.

Milbert, Jacques Gérard. *Chutes de Cohoes, de la rivière Mohawk,* dans *Itinéraire pittoresque du fleuve Hudson et des parties latérales de l'Amérique du Nord, d'après les dessins originaux pris sur les lieux.* Atlas. 1828. Lithographie. Avec l'autorisation de la New York Public Library, Division Milstein d'Histoire des États-Unis, d'histoire locale et de généalogie.

FIGURE 8

Palin Grocery, Cohoes. Reproduced by permission from Bernard Ouimet.

Épicerie Palin, Cohoes. Avec l'autorisation de Bernard Ouimet.

LE JOURNAL
—DE—
L'Athenee Canadien.

VOL. II. "CONCORDE, HONNEUR, PROGRES." NO. 2.

TAPIS. TAPIS.

GRANDE
REPRESENTATION DRAMATIQUE
Eg'bert's Hall, Cohoes,
LUNDI SOIR, LE 28 MAI, 1883.

OUVERTURE - - - - Par l'Orchestre de l'Athenee
Lever du Rideau a - - - - - Huit Heures
Ade'a.d Guertin, - - - - - - Directeur de Musique

PROGRAMME.
La Malediction
Grand Drame Serio-Comique en Trois Actes.

Personages de la Piece.

Don Vasco, noble espagnol..........M. A. GRANGER
Don Alonzo, sons fila...........P. G. FALARDEAU
Don Lopez, confident d'Alonzo...J. M. VERCHEREAU
Tarik, Lieutenant du Calife,........J. M. AUTHIER
Pedro, tenancier de Don Vasco.....AMBROISE NOLIN
Pedrillo, } fils de Pedro, } ...J. U. CHARBONNEAU
Fabricio, } ......EUCLIDE CHARBONNEAU

Ibrahin, riche Mahométan........JOSEPH PERREAULT
Mendoza, officier espagnol.........ALEX. LAVIGNE
Marietto, } ....(ADELARD DESGRANGES
Basilio, } soldats espagnols, } ....A. LECUYER
Sancho, } ....JOS. R. BEAUDOIN
Juanino, esclave d'Ibrahim.......N. VADEBONCOEUR
Abdallah, geolier mahometan........JOSEPH OUIMET
Soldats Espagnols, Soldats Mahométans, Paysans, Esclaves.

Au deuxième acte Alonzo porte le nom d'Abaamzor et au ?ième celui de Fernando. Au deuxième acte Lopez porte le nom de Soliman.

SOMMAIRE.

ACTE PREMIER.—Camp Espagnol. Chant patriotique de Mendoza. Un noble chef. Qui vive! Le recit de Pédrillo. Lopez cherche à perdre Alonzo. L'Appat. Passons à l'ennemi, Les remontrances de Vasco a son fils. "Es-tu chretien." Triomphe du séducture. Dans l'abime.
ACTE DEUXIEME.—Conversion d'Ibrahim. Recit de Juanino. Le traitre salué roi par son maitre. Il ne suffit pas de porter le turban pour être Mahometan. Le renord. Soyons conspirateurs. Les prisonniers chétiens. Nous sommes tous chreguins. Chant des Prisonn.rs. Alonzo veut faire abjurer son père. SOIS-TU MAUDIT. Le chatiment. Lopez dans la disgrace. L'illustre prisonnier et Tarik. "A la mort." "A la gloire." TABLEAU.
ACTE TROISIEME.—Pedro et les paysans. Le fils maudit. Retour de Pédrillo. Arrière Satan. Vous êtes deux imbeciles. Pédrillo raconte ses exploits. Aux Armes! Aux Armes! Intrepidité de Pedrillo. Don Vasco et ses soldats. Don Vasco reconnait son fils. La prière exaucée. Soldats, suiv? moi. Le coup fatal. Mort d'Alonzo. TABLEAU.

TAPIS. TAPIS.

(left margin) Tapis, Toiles Cirées pour Plancher, Rideaux en Toile, etc., au plus bas prix chez Cartier, No. 5 Bloc Egbert.

(right margin) est chez JOSEPH CARTIER, No. 5 Bloc Eg- bert, Rue Remsen. La Meilleure Place pour Acheter vos Tapis

FIGURE 9

Program from the French Canadian theater production "The Curse" produced in Cohoes. Reproduced by permission from Bernard Ouimet.

Programme de la pièce de théâtre «La Malédiction» produite à Cohoes. Avec l'autorisation de Bernard Ouimet.

FIGURE 10

Installation of Monsignor Dugas at St. Joseph's Church, Cohoes. Reproduced by permission from Bernard Ouimet.

L'Église St Joseph de Cohoes lors de la consécration de Monseigneur Dugas. Avec l'autorisation de Bernard Ouimet.

FIGURE 11

Cohoes Music Hall. Reproduced by permission from Bernard Ouimet.

Le Music Hall de Cohoes. Avec l'autorisation de Bernard Ouimet.

FIGURE 12

Citizen [Edmond Charles] Genêt, n.d. Wood engraving. Reproduced by permission from the New York Public Library, Miriam and Ira D. Wallach Division of Art, Prints and Photographs.

Citoyen [Edmond Charles] Genêt, s.d. Gravure sur bois. Avec l'autorisation de la New York Public Library, Division Miriam et Ira D. Wallach d'Art, d'estampes et de photographies.

FIGURE 13

Louis-Joseph Papineau (1786–1871), political leader, Montreal, Quebec, CA. 1852. Reproduced by permission from Library and Archives Canada, c-066899. Photograph attributed to T.C. Doane.

Louis-Joseph Papineau (1786–1871), homme politique, Montréal, Québec, CA. 1852. Avec l'autorisation de la Bibliothèque et les Archives du Canada, c-066899. Photographie attribuée à T.C. Doane.

FIGURE 14

Dubois Fort, Huguenot Street, New Paltz. Reproduced by permission from Historic Huguenot Street, New Paltz.

Fort Dubois, Rue Huguenot à New Paltz. Avec l'autorisation de Historic Huguenot Street, New Paltz.

FIGURE 15

Victor Adam and Alphonse Bichebois after Jacques Gérard Milbert, *View of Hudson and the Catskill Mountains, n.d.* Lithograph. Reproduced by permission from the New York Public Library, Miriam and Ira D. Wallach Division of Art, Prints and Photographs.

Victor Adam et Alphonse Bichebois d'après Jacques Gérard Milbert. *Vue du port de la ville de Hudson et les Montagnes Catskill*, s.d. Lithographie. Avec l'autorisation de la New York Public Library, Division Miriam et Ira D. Wallach d'Art, d'estampes et de photographies.

FIGURE 16

Laurent Deroy after Jacques Gérard Milbert, *View of New-York taken from Weahawk*, 1828–1829. Lithograph, in *Itinéraire pittoresque du fleuve Hudson et des parties latérales de l'Amérique du Nord*. Reproduced by permission from the New York Public Library, Rare Books Division.

Laurent Deroy d'après Jacques Gérard Milbert, *Vue de New York, prise de Weahawk, 1828–1829*. Lithographie, dans *Itinéraire pittoresque du fleuve Hudson et des parties latérales de l'Amérique du Nord*. Avec l'autorisation de la New York Public Library, Division des Livres rares.

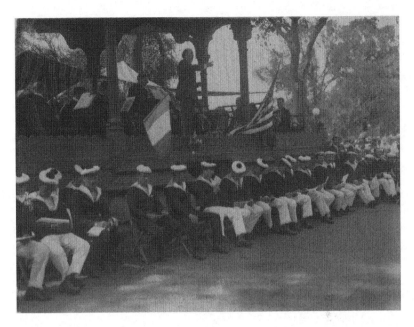

FIGURE 17

Bastille Day, 1918, French Sailors in Central Park. Photograph. Reproduced by permission from the New York Public Library, Milstein Division of United States History, Local History & Genealogy.

La Fête du Quatorze Juillet, 1918, matelots français à Central Park. Photrographie avec l'autorisation de la New York Public Library, Division Milstein d'Histoire des États-Unis, d'histoire locale et de généalogie.

FIGURE 18

Samuel Hollyer, *Fraunces' Tavern, N.Y.C., 1777, Old New York, 1905–1914*. Print. Reproduced by permission from the New York Public Library, Miriam and Ira D. Wallach Division of Art, Prints and Photographs.

Samuel Hollyer, *La Taverne Fraunces, 1777, Old New York, 1905–1914*, Estampe. Avec l'autorisation de la New York Public Library, Division Miriam et Ira D. Wallach d'Art, d'estampes et de photographies.

FIGURE 19

Sainte Marie among the Iroquois (Sainte Marie de Gannentaha) Living History Site, Liverpool. Reproduced by permission from the Sainte Marie among the Iroquois Living History Site, Onondaga County Department of Parks and Recreation.

Site de l'histoire vivante Sainte Marie parmi les Iroquois (Sainte Marie de Gannentaha), Liverpool. Avec l'autorisation du Site de l'histoire vivante Sainte Marie parmi les Iroquois, Comté d'Onondaga, Ministère des parcs et des loisirs.

FIGURE 20

Reenactors at Sainte Marie among the Iroquois. Reproduced by permission from the Sainte Marie among the Iroquois Living History Site, Onondaga County Department of Parks and Recreation.

Figurants en costumes d'époque à Sainte Marie parmi les Iroquois. Avec l'autorisation du Site de l'histoire vivante Sainte Marie parmi les Iroquois, Comté d'Onondaga, Ministère des parcs et des loisirs.

Le Major Edmond Mallet.

Le Major Edmond Mallet, de Washington. D. C., Président de la Seizième Convention Nationale des Canadiens-Français des Etats-Unis, et fondateur de l'Institut littéraire Carroll, à Washington, est né à Montréal, P. Q., le 17 Novembre, 1842.

FIGURE 21

Major Edmond Mallet. *Compte-rendu de la Seizième Convention Nationale des Canadiens-français des Etats-Unis: Tenue à Rutland, Vt., le 22 et le 23 juin, 1886.* Reproduced by permission from Assumption College Library Special Collections, French Institute, Worcester, Massachusetts; L'Union Saint-Jean-Baptiste Archives.

Commandant Edmond Mallet. *Compte-rendu de la Seizième Convention Nationale des Canadiens-français des Etats-Unis: Tenue a Rutland, Vt., le 22 et le 23 juin, 1886,* avec l'autorisation des Archives de L'Union Saint-Jean-Baptiste, collections spéciales, Institut Français, Bibliothèque du Collège de l'Assomption, Worcester, Massachusetts.

FIGURE 22

Sculpture "La France" by Pierre Auguste Rodin, located at the Champlain Memorial Lighthouse, Crown Point Public Campground, Essex County, N.Y. Reproduced by permission from the New York State Department of Environmental Conservation, which maintains the Crown Point Campground.

«La France», sculpture de Pierre Auguste Rodin, phare Mémorial Champlain, camping public de Crown Point, comté d'Essex, New York. Avec l'autorisation du Département de conservation de l'environnement de l'état de New York.

FIGURE 23

St. Joseph de Corbeau Church, with parishioners, Coopersville, New York, circa 1900. Saint Joseph's began in 1818 as a rough hewn log structure serving the area's French Roman Catholic residents. When the structure shown was built in 1845, it was the only Roman Catholic Church north of Plattsburgh. Reproduced by permission from Kimberly J. Lamay and Celine Racine Paquette, *Images of America: Champlain* (Mount Pleasant, S.C.: Arcadia Publishing, 2006).

L'église de Coopersville et ses paroissiens, vers 1900. L'église St. Joseph, fondée en 1818, fut à l'origine un bâtiment en rondins de bois desservant les fidèles canadiens-français. A sa reconstruction en 1845, elle était l'unique église catholique située au nord de Plattsburgh. Avec l'autorisation de Kimberly J. Lamay et Celine Racine Paquette, *Images de l'Amérique: Champlain* (Mount Pleasant, S.C.: Arcadia Publishing, 2006).

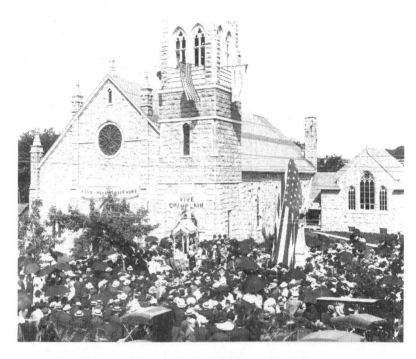

FIGURE 24

St. Mary's Church, Champlain, New York on the occasion of the 1907 dedication of the statue of Samuel de Champlain. The banner reads, "Vive Champlain (Long live Champlain)." Reproduced by permission from Kimberly J. Lamay and Celine Racine Paquette, *Images of America: Champlain* (Mount Pleasant, S.C.: Arcadia Publishing, 2006).

L'Église Ste Marie du village de Champlain à l'occasion de l'inauguration de la statue de Samuel de Champlain. La bannière porte l'expression: «Vive Champlain». Avec l'autorisation de Kimberly J. Lamay et Celine Racine Paquette, *Images de l'Amérique: Champlain,* (Mount Pleasant, S.C.: Arcadia Publishing, 2006).

FIGURE 25

Photograph of Louis Riel, 1870. Reproduced by permission from the Louis Riel Photograph Collection, University of Manitoba Archives & Special Collections, photograph by I. Bennetto & Co.

Photographie de Louis Riel, 1870. Avec l'autorisation de l'Université du Manitoba, Archives et Collections spéciales. Photographie par I. Bennetto & Co.

FIGURE 26

Isaac Jogues Memorial, Lake George Battlefield Park. Reproduced by permission from James Millard, America's Historic Lakes, http://www. historiclakes.org.

Mémorial à Isaac Jogues, Parc du Champ de bataille de Lake George. Avec l'autorisation de James P. Millard, America's Historic Lakes (Lacs historiques de l'Amérique), http://www.historiclakes.org.

DENATURED ALCOHOL

For Art, Mechanical and Burning Purposes Only.

Completely Denatured Alcohol is a violent poison. It cannot be applied externally to human or animal tissues without seriously injurious results. It cannot be taken internally without inducing blindness and general physical decay, ultimately resulting in death.

ANTIDOTE--Empty stomach immediately with large quantity of luke warm water, then milk or strong coffee. Inhale ammonia.

H. W. FALCON, Pharmacie Francaise
15 Main Street,   CHAMPLAIN, N. Y.

SWEET SPT. NITRE

ALCOHOL 92% ETHYL NITRITE 17.5 gr to oz.

Dose--1 mo. old 2 drops; 1 yr. 5 drops; 5 yrs. old 25 drops; 10 yrs. old 40 drops. Adults, ½ to 1 teaspoonful.

H. W. FALCON
Pharmacie Francaise
15 Main St.,   CHAMPLAIN, N. Y.

FIGURE 27

Labels from H.W. Falcon, "Pharmacie Francaise," Champlain, New York. Reproduced by permission from the Samuel de Champlain History Center, Photograph courtesy of David Patrick.

Etiquettes de produits vendus dans la *Pharmacie française de* H.W. Falcon à Champlain, New York. Avec l'autorisation du Centre d'histoire Samuel de Champlain, Champlain New York. Photographie de David Patrick.

FIGURE 28

Castorland Medal: An order was placed with the Paris mint to strike "Jetons de presence" for the colony. One side of the coin depicts a female head representing Cybele, the classical goddess of fertility and the wilderness and protectress of the people. The legend reads "FRANCO-AMERICANA COLONIA" (The French American Colony). The name CASTORLAND and the date 1796 are inscribed on the same side. On the other side, Ceres, the Roman goddess of grain and the harvest holds a cornucopia in her right hand and a drill for tapping the maples in her left; behind her a maple tree is being tapped for syrup and at her feet is a sickle and a sheaf of wheat. Below there is a beaver in exergue. Ref: Department of Special Collections, University of Notre Dame Libraries: http://www.coins.nd.edu/ColCoin/ColCoinIntros/Castorland.intro.html. Reproduced by permission from the American Numismatic Society, ANS Acc.no.1920.147.123.

Jeton (Médaille) de Castorland: Ces « Jetons de présence » furent gravés à Paris pour la colonie en 1796. Sur une face se trouve une représentation de Cybèle, la déesse de la fécondité et de la nature, protectrice du peuple. On y lit «FRANCO-AMERICANA COLONIA» (colonie Franco Américaine). Le nom de CASTORLAND et la date de 1796 y sont inscrits en exergue. Sur l'autre face on trouve une représentation de Cérès, la déesse romaine du blé et des moissons, tenant une corne d'abondance dans sa main droite et un instrument pour extraire la sève des érables dans la main gauche; on aperçoit derrière elle un érable d'où s'écoule de la sève, et à ses pieds, une faucille et une gerbe de blé. On y voit également un castor en exergue. Réf (Ang.) : http://www.coins.nd.edu/ColCoin/ColCoinIntros/Castorland. intro.html. Avec l'autorisation de la Société américaine de numismatique, ANS Acc.no.1920.147.123.

FIGURE 29

Bonaparte Room, Flower Memorial Library, Watertown. Reproduced by permission from the Library, which houses the artifacts.

Salle Bonaparte de la Bibliothèque Flower Memorial, à Watertown. Avec l'autorisation de la bibliothèque.

FIGURE 30

Cape Vincent French Festival. Reproduced by permission from the Cape Vincent Chamber of Commerce.

Festival français de Cap Vincent. Avec l'autorisation de la Chambre de commerce de Cap Vincent.

FIGURE 31

LeRay Mansion, Fort Drum. Reproduced by permission from the Jefferson County Historical Society.

La résidence LeRay, à Fort Drum. Avec l'autorisation de la Société historique du comté de Jefferson.

FIGURE 32

Aerial view: Old Fort Niagara. Reproduced by permission from Angel Art.
© Mark Dettmer

Vue aérienne: Old Fort Niagara. Avec l'autorisation d'Angel Art. © Mark
Dettmer

FIGURE 33

The "French Castle" at Old Fort Niagara. The oldest building of the Fort, the "Castle" was originally the sole structure of Fort Niagara. To calm the suspicions of the hostile Iroquois, the French designed it to resemble a large trading house. Reproduced by permission from The Old Fort Niagara Association.

«Le château français» au vieux Fort Niagara. Le «château» était à l'origine la seule structure du fort. Pour calmer les soupçons des Iroquois hostiles, les Français l'ont conçu de manière à ressembler à un imposant poste de traite. Avec l'autorisation de l'Association du vieux Fort Niagara.

PRÉFACE

La statue de la Liberté est un symbole particulièrement marquant des liens qui unissent l'État de New York et la France. Tout comme les nombreux noms de lieux français dispersés à travers l'état, la composante française de New York a parfois eu tendance à être oubliée, laissant dans l'ombre l'histoire commune partagée par cet état américain, le Québec tout proche et la France.

L'écho de noms tels que Raquette Lake, Au sable River ou Lake Bonaparte subsiste, apportant une touche de poésie à la géographie newyorkaise, mais l'origine française de ces noms a été perdue par la mémoire collective. Ce guide de l'héritage culturel français dans l'État de New York a pour but de faire découvrir aux voyageurs traversant les sept régions géographiques ici décrites, l'influence de cet héritage dans la formation de notre état.

Qui, parmi les milliers de voyageurs français arrivant chaque année à l'aéroport international J.F. Kennedy, sait que la prise de la Bastille est commémorée chaque année par les habitants de Cape Vincent a cause de leurs liens particuliers avec la famille Bonaparte? Les touristes français savent-ils qu'on peut visiter à New Rochelle et New Paltz des maisons construites au XVIIe siècle par des Huguenots français?

Qui parmi les dizaines de milliers de Québécois traversant l'état de New York en direction du sud, a pris le temps de s'arrêter à Sainte Marie de Gannentaha, le tout premier établissement créé par des Européens, des missionnaires canadiens-français dans l'ouest de New York? Aujourd'hui Sainte Marie est un hameau colonial français reconstitué que l'on peut visiter de mai à octobre.

Qui, parmi les 628,810 habitants du New York d'origine canadienne-française, connait les innombrables lieux de la forêt des Adirondacks ou les centres industriels qui témoignent de leur héritage culturel dans cet état?

Poursuivant une tradition remontant au XVIIe siècle, les liens économiques entre le New York, la France et le Canada—le principal partenaire commercial de notre état, continuent à se développer. Ce guide présente l'histoire à demi-oubliée d'un passé français qui nous unit à la France et au Canada. Sa publication à été rendue possible grâce à une subvention accordée par le National Endowment for the Humanities, au FrancoAmerican and Quebec Heritage Series de l'Université de l'Etat de New York à Albany.

Cette deuxième édition est rendue possible grâce aux efforts de David Graham, qui a obtenu le financement nécessaire du ministère des Relations internationales du gouvernement du Québec, du bureau national de Association des professeurs de français aux Etats-Unis (AATF) et de ses chapitres de l'état de New York, du comité du quadricentenaire Hudson-Fulton-Champlain, du Département de Conservation de l'environnement de l'état de New York, du Natural Heritage Trust et du partenariat du Patrimoine National de la vallée de Champlain.

INTRODUCTION

Selon le recensement de la population en 2000, plus de 8 millions de personnes résidant aux Etats-Unis sont de souche française; le groupe ethnique franco-américain est actuellement le neuvième par ordre de grandeur. En fait, en tant qu'explorateurs, missionnaires, colons, soldats, réfugiés contre les persécutions religieuses, exilés politiques, et de simples immigrants, les Français sont intimement mêlés à l'histoire de l'Amérique du Nord depuis plus de 400 ans.

Découverte, Exploration, Colonisation

En 1524, François Ier, roi de France, éprouvant le besoin de remplir l'échiquier royal, décida de suivre l'exemple de la reine d'Espagne, Isabelle, et de tenter, à son tour la découverte d'une route vers les Indes et leurs richesses. Il se procura les services du navigateur italien Giovanni de Verrazano. Celui-ci fut chargé d'explorer, au nom de la France, la côte est de l'Amérique du Nord, des Carolines jusqu'aux provinces maritimes actuelles du Canada. Il est probable qu'au cours de ses voyages, Verrazano remonta l'Hudson, devançant ainsi de 86 ans le voyage historique d'Henry Hudson. Bien que Verrazano n'ait pas découvert les richesses attendues, les Français ne renoncèrent pas à leurs projets, et un second explorateur, Jacques Cartier, fut chargé d'explorer la partie nord de la côte américaine. C'est ainsi qu'il découvrit le St. Laurent en 1534.

Samuel de Champlain débarqua en Amérique du Nord en 1604, et organisa une colonie française dans la Province actuelle de Nouvelle-Écosse. Au cours de ses voyages, il découvrit le lac qui porte son nom, et poussa même jusqu'aux chutes Niagara, le premier Européen, dit-on, à en contempler le spectacle grandiose. En 1608, Champlain fonda la ville de Québec.

Quoique la France n'ait pas abandonné tout espoir de trouver un passage vers l'Orient, on découvrit ici une autre source de richesse: les peaux de castor qui furent bientôt très recherchées en Europe. Afin de fournir aux chasseurs et trappeurs l'appui nécessaire, des colons s'établirent sur les rives du St. Laurent. De 1608 à 1756, près de 10,000 Français vinrent ainsi peupler la Nouvelle France.

Religion et Emigration

Les 16e et 17e siècles furent une époque de troubles religieux en France. Au moment de la Réforme, un certain nombre de ses concitoyens se convertirent à la doctrine religieuse de Calvin. Les Catholiques français redoutaient le zèle de ces Huguenots. Il y eut entre les deux groupes de fréquents échanges violents. Les persécutions dont ils furent l'objet forcèrent un grand nombre à quitter la France, et à se refugier en Angleterre, en Hollande, en Suisse, et en Allemagne. Ces Huguenots étaient pour la plupart des bourgeois, souvent des artisans doués dans la manufacture des textiles. Bien qu'on leur fit bon accueil où qu'ils soient allés, bon nombre d'entre eux recherchaient une liberté religieuse plus complète; ils quittèrent donc leurs pays d'adoption pour se rendre en Amérique. C'est ainsi que les colons hollandais qui s'établirent à Fort Orange (Albany) en 1624, furent des Wallons francophones et descendants des Huguenots. De même, les premiers colons de la vallée de l'Hudson et de l'Ile de Manhattan étaient des Wallons francophones de Hainaut. L'Edit de Nantes, signé en 1598, avait accordé aux Huguenots la liberté religieuse; mais, en 1685, Louis XIV le révoqua. Les persécutions reprirent de plus belle, et de nouveau ils quittèrent la France. Cette fois, bien qu'ils continuaient à se réfugier dans des pays d'Europe, d'autres partirent directement pour l'Amérique.

La ferveur religieuse qui se manifestait en France eut d'autres résultats en Amérique. L'ardeur des explorateurs et des chasseurs eut pour égal le zèle des laïcs, des prêtres, et des religieuses, qui vinrent au Nouveau Monde non seulement pour s'assurer que la ferveur religieuse des colons ne se refroidirait pas, mais aussi pour convertir à la foi Catholique les Amérindiens. Les Pères Jogues, Hennepin et Marquette sont les plus célèbres d'une foule d'explorateurs religieux français en Amérique du Nord. Le Père Jogues fut le premier Européen à voir le Lac George dans l'état de New York, qu'il nomma Lac du Saint-Sacrement. Torturé et mis à mort par les Amerindiens en 1646, il fut canonisé par l'Église Catholique en 1930.

Fin de l'Empire Français en Amérique du Nord

Les années 1689 à 1759 furent marquées en Europe par quatre guerres successives: la Guerre de la Ligue d'Augsbourg (King William's War, 1686–97), la Guerre de la Succession d'Espagne (Queen Anne's War, 1701–14), et la Guerre de la Succession d'Autriche (King George's War 1740–48) ces guerres eurent des répercussions jusqu'en Amérique, où elles déclenchèrent des hostilités entre Anglais et Français. La dernière des guerres de cette époque, la Guerre de Sept Ans, appelée par les Américains "French and Indian War" se termina en Amérique par la conquête de Québec et de Montréal par les Anglais en 1759–60.

L'administration de l'Amérique du Nord n'était pas chose facile pour les Anglais, et la présence de troupes anglaises dans les colonies causa des troubles qui eurent comme issue la Guerre d'Indépendance en 1776. Au Canada comme en France les colons eurent de nombreux sympathisants. Bien que le Canada Français n'y put prendre partie officiellement, bon nombre de volontaires québécois vinrent rejoindre certaines unités combattantes, telle les "Green Mountain Boys" du Vermont. Notons aussi qu'un bataillon de volontaires canadiens combattit avec des révolutionnaires américains contre les Anglais. Pour témoigner leur reconnaissance, les États Unis leur firent don de territoires qui leur permit de s'établir dans la nouvelle nation.

Parmi les Français qui vinrent apporter leurs secours aux révolutionnaires américains, citons le Comte de Rochambeau, le Comte de Grasse, et le Marquis de Lafayette, jeune noble qui mit une partie de sa fortune personnelle au service des Américains qui se battaient pour leur indépendance. L'aide des Français contribua largement au succès de la révolution, et provoqua chez les Américains une attitude nouvelle vis-à-vis des Français, très différente de celle de leurs anciens gouvernants anglais.

À la fin du 18e siècle, les circonstances qui précédèrent la Révolution Française provoquèrent une nouvelle vague d'émigration vers les Etats Unis. Bien des Français s'établirent dans l'état de New York. (voir Région des Mille Iles/Voie Maritime du St. Laurent).

Emigrants Canadiens-Français

Les Canadiens-français s'agitaient de plus en plus sous la férule de leurs conquérants anglais. Ils se rebellèrent en 1837, commandés par Louis Joseph Papineau. Une bande de 2,000 hommes, armés de gourdins, de fourches et de fusils fut rapidement mise en déroute par 8,000 soldats anglais bien armés. Une bonne partie de ceux qui réussirent à s'échapper, s'établirent dans le nord du New York et en Nouvelle Angleterre. Le mécontentement et le malaise qui avaient provoqué la rébellion continuèrent et furent l'une des causes d'une migration en masse du Québec vers les EtatsUnis, dans la seconde partie du 19e et au début du 20e siècle.

Une vaste industrie textile qui s'était développée en Angleterre pendant la Révolution Industrielle se développa également en Amérique. Les fabricants de textiles, pour recruter leur main d'œuvre, se tournèrent vers le Québec. Ainsi, durant les années 1840, 30,000 Canadiens-français émigrèrent. Ce mouvement s'accéléra et de 1866 à 1875, 50,000 personnes quittèrent le Québec chaque année. Après 1920 les EtatsUnis prirent certaines mesures pour contenir l'immigration. Celle-ci ralentit, mais continua jusqu'au milieu du 20e siècle.

On compte aujourd'hui 630,000 personnes d'ascendance française dans le New York, représentant le neuvième groupe d'ascendance non-anglaise dans l'état. Il convient donc de considérer les contributions de ce groupe à la vie et au développement de l'état.

Ce guide ne peut donner qu'un aperçu très bref de l'importance des Français dans l'histoire de New York.

RÉGION DE LA CAPITALE

Le "Capital District" ou région de la capitale, est situé sur les rives de l'Hudson entre les montagnes Adirondack et Catskill. Cette région a une riche tradition française qui remonte au 16e siècle et continue jusqu'à nos jours. Des voyageurs, pères jésuites, un roi, des dames d'honneur y trouvèrent bon accueil.

ALBANY—On dit que vers 1540, des Français auraient érigé un poste fortifié—Castle Island sur les bords de l'Hudson pour protéger la traite des fourrures près du site destiné à devenir la capitale. Les premiers à établir une colonie permanente furent des Wallons francophones venus de Hollande pour fonder Fort Orange (Albany) en 1624.

Philip Schuyler, un des premiers notables d'Albany accueillit de nombreux visiteurs français dans sa résidence de style géorgien, construite en 1760. Le marquis de La Fayette et le Marquis de Chastelleux, Talleyrand, et de Tocqueville et son compagnon, Beaumont y firent visite. Fuyant la Révolution française, Madame de la Tour du Pin, dame d'honneur de Marie Antoinette, y passa quelque temps. Ce fut son amitié pour les Schuyler qui la poussa à construire sa propre residence à Latham où se trouve aujourd'hui la Maison Provinciale des Soeurs de St. Joseph et la rue Delatour qui commémore son nom.

De retour aux Etats-Unis en 1824, le Marquis de Lafayette décrivit Albany ainsi "Un demi siècle à peine s'est écoulé depuis que la ville ... me servit de quartier général aux frontières d'une immense région déserte. Je découvre aujourd'hui Albany, ville riche et puissante, le centre du gouvernement de l'état de New York, et ses environs sauvages sont maintenant transformés en plaines fertiles et bien cultivées." Lafayette passa une année à Albany en 1778, et la ville nomma le parc Lafayette en son honneur. Lafayette fut reçu à la chambre du Sénat, au Capitole, durant sa visite à Albany. On prétend que lorsqu'il se présenta à la tribune centrale de la Chambre pour prononcer un discours devant l'assemblée, un aigle descendit et plaça sur sa tête une couronne de lauriers. En 1831, Alexis de Tocqueville et son associé, Gustave de Beaumont qui passèrent cinq années aux Etats-Unis pour étudier la démocratie décrivit ainsi Albany: "En dix ans sa population a doublé ... elle communique facilement avec la ville de New York et l'Hudson rejoint le Lac Erié grace a ses canaux. Albany est le portail de l'ouest." La Fayette Villaume DucoudrayHolstein, général sous Napoléon, s'installa par la suite à Albany où il enseigna les langues à l'Académie féminine d'Albany. En 1836, il écrivit un manuel pour l'enseignement du français, *The New French Reader*, fondé sur la théorie qu'une langue doit être enseignée sans trop se reposer sur la traduction.

Dès ses débuts, Albany a été liée à Montréal et au Canada. Notons que parmi les premiers citoyens d'Albany se trouvait Antoine Lespinard de Montréal, auquel on avait accordé la permission de vendre du pain aux "Chrétiens et aux Indiens." On ne peut oublier la lutte entre les marchands d'Albany et de Montréal pour le contrôle de la traite des fourrures, se livrant souvent au commerce illégal au grand dam de leurs administrateurs coloniaux. La voie maritime Richelieu-Lac Champlain-Hudson était en fait très connue des coureurs des bois et des Amérindiens.

Pendant la période hollandaise de New York, les missionnaires français œuvrant en territoire Iroquois le long du fleuve Mohawk trouvèrent un accueil hospitalier à Fort Orange (Albany), la ville étant peuplée de bon nombre de Wallons francophones. Ce fut un Huguenot de Fort Orange, Labatie, qui se chargea d'organiser le retour vers l'Europe du Père Isaac Jogues lorsque celui-ci réussit à s'échapper de ses capteurs iroquois en 1643. C'est d'ailleurs Labatie qui devint le biographe du premier saint américain.

Entre 1810 et 1830, les Canadiens vivant au nord de l'état, depuis qu'on leur avait alloué des terres après leur participation à la guerre d'Indépendance, se déplacèrent vers Albany afin d'améliorer leur situation économique. En 1837, une pièce de théâtre et une assemblée publique se tinrent à Albany pour soutenir la cause de Papineau et ses patriotes. Un an plus tard, lorsque l'armée britannique mit en déroute les patriotes canadiens, Papineau et son fils Amedée se réfugièrent à Albany.

Après 1850, un nouveau groupe d'émigrés canadiens fit son apparition à Albany. En 1868, ils fondèrent une société Saint-Jean-Baptiste et une paroisse catholique francophone, Notre Dame de L' Assomption, située ou se trouve aujourd'hui les échangeurs qui mènent à L'Empire State Plaza. En 1884, un congrès national des Canadiens-français se tint à Albany; et la même année le R. P. Dugas de l'église de l'Assomption invita les religieuses des Saint Noms de Jésus et Marie à venir y établir une école. Aujourd'hui cette école n'est plus francophone, mais elle maintient la fière tradition canadienne-française. Aujourd'hui la région du Capital District possède une association ethnique. La Fédération Franco-américaine de New York dédiée à la valorisation de l'heritage franco-américain dans le New York. La Fédération participe à plusieurs activités à caractère ethnique et célèbre la fête nationale des Français d'Amérique le 24 juin.

—The Albany Institute of History and Art: Possède un portrait d'Edmond Genêt par Ezra Ames ainsi que plusieurs pièces dans sa collection de la famille du "citoyen" Genêt, le premier ambassadeur de la République Française aux Etats-Unis (voir East Greenbush). Il fut un membre actif de l'Institut.

La collection peut être vue par rendez-vous.

125 Washington Avenue. 518.463.4478. www.albanyinstitute.com

Musée: mercredi à samedi 10h à 17h, dimanche 12h à 17h, mardi groupes réservés seulement. Lundi et jours fériés. Bibliothèque: jeudi 13h30 à 16h30 et sur rendez-vous

—Schuyler Mansion: Résidence Philip Schuyler, un des premiers notables d'Albany; 32 Catherine Street, Albany. 518-434-0834. www.schuylerfriends.org

Ouvert du 15 mai—31 octobre, sauf lundi et mardi de 11h à 17:00h.

Entrée: $4 adultes, $3 étudiants et troisième âge, gratuit: enfants de moins de 12 ans

*Prière de noter: les horaires sont sujets á des changements éventuels suivant certains événements ou visites ayant lieu à la résidence. Il est preferable de verifier en téléphonant avant votre visite.

—L'église St-Joseph: (Ten Broeck Pl) Marie LaJeunesse fit ses débuts musicaux à Albany. Née près de Montréal, elle vint habiter

Albany et fut soliste et directrice du chœur à l'église St. Joseph. Elle fit son début à l'opéra en 1870 à Paris et prit le nom de madame Albani. Sa renommée s'accrut; Brahms composa pour elle; elle fut invitée à chanter aux funérailles de la reine Victoria. Le poète canadien, Dr. William Henry Drumond composa "Lorsqu'Albani Chanta" en son honneur.

COHOES—Les remarquables chutes situées près du confluent du Mohawk et de l'Hudson, firent de cette petite ville une attraction touristique aux 18e et 19e siècles. Non loin se trouvent des fabriques textiles bâties durant le 19e siècle. Le Marquis de Chastellux, qui accompagna Rochambeau et les forces Françaises expéditionnaires de 1780 à 1782, décrivit les chutes, dans le compte rendu de son voyage en Amérique, comme l'une des merveilles de l'Amérique du Nord. Le développement industriel dû à la disponibilité de la force hydraulique donna à la ville le surnom de "Ville fuseau" et fut une source d'emploi pour les Canadiens-français. Dès 1890, 7.000 Canadiens-français vivant à Cohoes constituèrent la plus grande communauté franco-canadienne dans la partie nord de l'état de New York. En 1895 Cohoes avait déjà eu cinq journaux de langue française: L'avenir, Le Journal des Dames, Le Journal de Cohoes, L'Indépendant, et La Patrie Nouvelle qui fut publiée jusqu'en 1900. Il n'y eut pas moins de quatre paroisses catholiques françaises: Ste. Marie, St. Joseph, Le Sacré Cœur de Jésus et Ste. Anne. Trois écoles paroissiales bilingues furent établies pour veiller à l'instruction des enfants. Il y eut aussi trois troupes théâtrales, formées d'amateurs qui jouaient en français: L'Athénée Canadien, Le Cercle Racine et le Conseil Montcalm. Deux congrès franco-canadiens nationaux eurent lieu à Cohoes en 1879 et en 1882. Marie Lajeunesse débuta sa carrière de chanteuse d'opéra à Albany. Née à Chambly près de Montréal, elle vécut à Albany, devenant soliste puis directrice du choeur de l'église St. Joseph. Elle fit son début parisien en 1870, choisissant le nom de Madame Albani. Brahms composa des airs pour elle et elle chanta aux obsèques de la reine Victoria. Le poète canadien William Henry Drummond composa "When Albani Sang" en son honneur. Jusqu' une époque récente, le 24 juin fête de la St. Jean-Baptiste, on disait la messe en français à l'église St. Joseph. A la bibliothèque municipale de Cohoes on peut trouver une collection spéciale relative aux recherches généalogiques canadiennes-françaises.

—Overlook Park offre une vue en plongée des chutes, non loin des routes 787 et 9. Ce site est une attraction régionale spéctaculaire.

—Transformée en musée cultural urbain, l'usine "Harmony Mills" centre textile fondé en 1837, était devenue en 1868 la plus importante usine de textiles du monde. Elle attira des milliers d'ouvriers canadiens-français, si bien qu'en 1880, un ouvrier sur quatre était franco-canadien. Aujourd'hui l'ancienne usine a été transformée en résidences de luxe. On peut toujours visiter certaines parties de l'ancien bâtiment sur rendez-vous.

The Lofts at Harmony Mills: 100 N. Mohawk Street. 518-237-6518. ww.harmonymillslofts.com

—Cohoes Music Hall est un théâtre construit en 1874. Il a connu plusieurs grands artistes. Eva Tangay, chanteuse de Vaudeville, née à Cohoes, a vu ses débuts dans ce théâtre. Sarah Bernhardt, l'actrice française y a joué aussi. 58 Remsen St. 518-237-5858. www.cohoesmusichall.com

EAST GREENBUSH—C'est dans cette petite agglomération, située à l'est de l'Hudson que résida le "citoyen" Edmond Genêt, le premier ambassadeur de la République Française aux Etats-Unis. Genêt arriva en 1793; plus tard il épousa la fille du Gouverneur Clinton. Ils construisirent une propriété connue sous le nom de "Prospect Hill Farm" à East Greenbush, ou ils vécurent jusqu'à la mort de Genêt, le 14 juillet 1834. Celui-ci fut inhumé au cimetière de l'Église Réformée Hollandaise à East Greenbush.

SARATOGA SPRINGS—Le père Isaac Jogues découvrit le lac portant le même nom que cette station climatique en 1643. Une église portant le nom de ce premier saint de l'Amérique du Nord est située au bord du Lac Saratoga.

Au 19e siècle Beaumont, compagnon de voyage de Tocqueville, décrivit l'endroit comme la ville d'eau célèbre où la société élégante se réunit pendant les chaleurs d'été, venant de toutes les régions des Etats-Unis. Joseph Bonaparte, roi d'Espagne la visita, et le Casino dans le Parc des Congrès possède de lui un portrait en pied exécuté par Paul Achet, un artiste français.

—Saratoga Springs History Museum, Canfield Casino, I East Congress Street. Ouvert de 10:00h à 4:00h, sauf lundi et mardi. 518-584-6920. http://www.saratogahistory.org/

SCHENECTADY—En 1689 une attaque inattendue ravagea la ville de Lachine au Canada et causa la mort de centaines de personnes. Les Français, dont l'autorité en Amérique du Nord était sans cesse contestée, décidèrent d'organiser une expédition à titre de représailles. En février

1690 une bande de 201 hommes de Montréal et 96 Amérindiens convertis marchèrent sur Albany. Quand les Français découvrirent qu'Albany avait été averti du danger, ils se tournèrent vers Schenectady et attaquèrent le poste qui se trouvait mal protégé.

—The Stockade: Un petit nombre d'édifices dans le quartier appelé "the Stockade" subsiste aujourd'hui et ce quartier mérite bien une visite. Pour organiser une visite à pied, téléphoner à 518-382-5417. www.historicstockade.com

—Union College: Fondé en 1795, fut la première institution d'enseignement supérieur à recevoir une charte de l'Université de l'État de New York. Le plan des bâtiments fut conçu par l'architecte français, Joseph Jacques Ramée. www.union.edu

—Le théâtre Proctor: Fut construit en 1926. Son fondateur, F.F. Proctor, y fit installer une cheminée Louis XV, une des quatre qui existent aux Etats-Unis, dans le déambulatoire du théâtre. Il est situé à 432 State St. Tel. 518-382-1083. www.proctors.org

STILLWATER—La bataille qui eut lieu dans cet endroit pourrait être considérée comme le point critique de la Guerre d'Indépendance américaine. La France avait aidé les colons en les équipant de mousquets Charlesville, et en les aidant à moderniser leur système d'artillerie. La défaite des Anglais par les colons américains le 17 octobre 1777 réussit à convaincre le gouvernement français de s'allier aux colons. Le Marquis de Chastellux visita le champ de bataille en 1780, et écrivit: "L'action fut violente, et les sapins en porteront longtemps la trace."

—Parc National de Saratoga: On peut visiter plusieurs champs de bataille aux environs de Saratoga, y compris celui de Stillwater dans le Parc National de Saratoga, situé à la jonction des routes 4 et 32. Ouvert tous les jours sauf les jours de Thanksgiving (troisième jeudi de novembre) Noël, et le 1er janvier. 1er mai–31 octobre 9h–19h, le reste de l'année 9h–17h. 518-664-9821. www. nps.gov/sara/

TROY—À l'occasion de sa visite aux Etats-Unis en 1824, le Marquis de La Fayette s'arrêta à Troy. À l'Académie d'Emma Willard, Séminaire Féminin de Troy, les élèves organisèrent une procession et un programme pour leur visiteur de marque. Il fut accueilli dans cette école par la devise "Nous devons nos écoles à la liberté et la liberté à Lafayette."

—Emma Willard School, 285 Pawling Avenue, Troy, NY 12180. Tel. 518-833-1322

L'église Catholique de St. Jean-Baptiste desservit la population canadienne française considérable qui avait immigré afin de travailler dans les fabriques de la "Ville fuseau." Troy possédait également un journal de langue française, L'Avenir National. La ville fut le site de congrès franco-canadiens en 1867, 1878, et 1887. Anne-Marie DuvalThibault, poète et romancière née à Montréal, vint résider à Troy en 1877, et décrivit la beauté de la nature et des paysages de l'état de New York.

WATERVLIET—C'est ici que se trouve un arsenal des Etats-Unis, fondé en 1812. Le Marquis de La Fayette en parla comme "l'un des plus importants et des mieux équipés de l'Union."

Watervliet possédait aussi son église Catholique française du Sacré Cœur, et une école paroissiale où l'on enseignait le français.

VALLÉE DE L'HUDSON

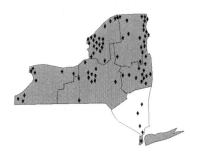

La vallée de l'Hudson, dont les paysages rivalisaient de splendeur avec ceux du Rhin allemand, au dire des contemporains, fut l'inspiration artistique de l'Ecole de l'Hudson. Elle fut le site, également, de plusieurs colonies de Huguenots français. La région est riche en noms tels que DeLancey, DePeyster, Delano (De la Noye), LeFèvre et Jay. Poursuivant la tradition viticole établie ici il y a 300 ans par les colons Huguenots, onze vignobles se trouvent dans la vallée située entre l'Hudson et les montagnes Shawangunk.

BLOOMING GROVE—Près d'ici se trouvait l'exploitation Pine Hill où demeura de 1769 à 1779, Hector St. John de Crèvecoeur, né en Normandie. Son livre Letters from an American farmer (Lettres d'un fermier américain), fruit de ses expériences dans le comté d'Orange, fut le premier à explorer le rêve américain.

GARDINER—Site de "Locust Lawn," maison de style Fédéral construite en 1814 par le Colonel Josiah Hasbrouck, descendant d'Huguenots venus du nord-ouest de la France. Il servit dans l'armée révolutionnaire et devint membre du Congrès américain. Au cours de la visite on peut admirer les tableaux de Ammi Philips, membre des familles Hasbrouck et Bevier. Située sur la route 32 à quelques kilomètres au sud de New Paltz, près de Gardiner. Site ouvert samedi et dimanche de juin à octobre, entrée payante, 11h–16h. 845-255-1660. www.locustlawn.org

HUDSON VALLEY WINERIES: La plupart se visitent. Consulter le site ci-joint pour de plus amples renseignements. http://www.hudsonriver.com/winetour.htm

LARCHMONT—Banlieue résidentielle, l'ecole FrancoAméricaine de New York s'y trouve depuis 1980, ainsi qu'un grand nombre de résidents français.

NEW PALTZ—En 1677 des Huguenots français originaires du nord de la France et du sud de la Belgique s'y installent, donnant à leur nouveau village le nom du Palatinat, en Allemagne, où ils avaient trouvé un refuge contre les persécutions religieuses en France. La rue historique "Huguenot" de New Paltz constitue un lieu historique de portée national (National Historic Landmark District) de six hectares qui conserve leur patrimoine. Le site comprend plusieurs maisons en pierre du XVIIIe siècle—la plus ancienne datant de 1705 et une église reconstruite toutes situées dans leur emplacement original.

> Maison Abraham Hasbrouck
> Maison Jean Hasbrouck
> Maison BevierElting
> Maison Deyo
> Maison Freer
> Maison LeFevre
> Fort DuBois
> Eglise Française Crispell Memorial, reconstruction datant de 1972, du
>   bâtiment de 1717
>
> —Visites des lieux 845-255-1889. www.huguenotstreet.org
>
> Visites de mai à octobre tous les jours sauf mercredi de 10h à 17h et les fins de semaine de novembre et décembre. Les visites se font à partir du centre d'accueil situé dans le Fort DuBois.

NEW ROCHELLE—Les Huguenots atterrirent à Bonnefoy Point en 1688 et fondèrent New Rochelle ainsi nommée pour La Rochelle, en France, qu'ils avaient quittée afin d'échapper aux persécutions religieuses. Ils avaient obtenu de John Pell le don d'un territoire afin de fonder une communauté dans le Nouveau Monde. Ils établirent une Eglise Réformée, (aujourd'hui Trinity St. Paul's Church). Les terrains de l'église ainsi que la maison paroissiale témoignent de trois siècles d'histoire. L'église First Presbyterian, connue à l'origine comme l'Eglise française, fut reconstruite, suite à un incendie, dans le style renouveau colonial, par l'architecte John

Russell Pope. Contigue à l'église, la maison Pintard, une des maisons les plus anciennes de la ville, fut la demeure de Pierre Vallade, puis de Louis Pintard, hommes d'affaires huguenots importants de New York. L'école française privée pour garçons de New Rochelle compta parmi ses anciens élèves nombre de personnalités notoires, dont John Jay, Gouverneur de l'état de New York et juge à la cour Suprême des Etats-Unis.

—Eglise First Presbyterian: 50 Pintard Avenue.

—La maison Pintard fut construite en 1710 par Alexandre Allaire, Elle est située avenue Pintard.

—Eglise de la Trinité est située à l'angle des rues Huguenot et Division.

RYE—Site du Centre de l'Heritage Jay, dedié à la mémoire de John Jay (1745–1829) un des pères fondateurs des Etats-Unis et sa famille. Le domaine fut acheté par son père, fils de Huguenots français. 210 Boston Post Road, Rye, NY 10580. Phone: 914-698-9275. http://www.jaycenter. org/contact.htm

TIVOLI—Tivoli fut construit durant les années 1798–1802 par Pierre de Labigarre qui avait émigré de France à l'époque de la Révolution. Le château de Tivoli représentait le premier bâtiment d'une communauté modèle dont les plans avaient été proposés par Charles Balthazar Julien Favre de St. Memin, exilé de la Cour de Louis XV. Les rues de cette communauté, larges de plus de 18 mètres, se croisant à angles droits, devaient être nommées Amitié, Liberté, Abondance et Paix. Seules nous restent les rues Flora et Diane. Le développement de la communauté cessa à la mort de Labigarre, et, en 1807, le Chancelier Livingston acheta le domaine.

—Clermont: Les Livingston, riche famille New Yorkaise qui accueillit le Marquis de La Fayette en 1824, donnèrent à leur propriété le nom français de Clermont. Le Chancellier Robert R. Livingstone fut le ministre de Thomas Jefferson au gouvernement de Napoléon qui négocia l'achat de la Louisiane. La maison est ouverte du 1er avril au 31 octobre, sauf lundi de 11h à 17h (la dernière visite commence à 16h30). La propriété est ouverte toute l'année du matin au soir. Elle se trouve à une distance d'environ 1.5 km au nord de Tivoli. 518-537-4240.

WEST POINT—Il est à noter que, de l'époque révolutionnaire jusqu'au milieu du 19e siècle, West Point profita de l'expérience militaire d'un certain nombre de membres du corps d'enseignants originaires de France. Citons spécialement Claude Crozet, Florimond Masson, Bérard, Béchet de Rochefontaine (qui fut Commandant de l'école en 1796) et Thomas Gimbrède.

—West Point: The United States Military Academy (École militaire nationale des Etats-Unis) Centre d'accueil 845-938-2638. Musée ouvert tous les jours de 10h30 á 16h15. www.usma.edu

RÉGION METROPOLITAINE

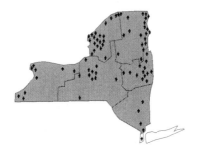

La ville de New York fut pendant quelques mois le siège du gouvernement de la nouvelle nation. On y voit encore de nombreuses expressions de la culture française, particulièrement en art et en architecture. A un moment donné la ville fut surnommée "la petite France" à cause de son grand nombre d'habitants d'origine française par rapport au chiffre total de la population. Le quartier français se trouvait au sud de la rue Marketfield. Le troisième évêque de New York, Jean Dubois naquit à Paris en 1754; obligé de quitter la France pendant la Révolution il oeuvra d'abord comme missionnaire. A la même période, les premiers Haitiens, refugiés de la Révolution Haitienne, arrivent dans la ville. En 1810, 10,000 habitants de New York sur 90,000 étaient de souche française et francophone.

En décembre 1523, l'explorateur italien Giovanni Verrazano, au service du roi de France, François 1er s'embarqua à Dieppe sur son navire "La Dauphine" à la recherche d'un passage vers les Indes. Au mois d'avril de l'année suivante il découvrit les rives de l'île de Manhattan et le fleuve Hudson. Voici la description qu'il en fit à François 1er, ". . . nous avons découvert un endroit agréable parmi des collines escarpées à travers lesquelles un vaste fleuve force sa route vers la mer." Plus tard il écrivit qu'au moment d'appareiller pour le retour en France qu'il "regrettait fort d'avoir à quitter cette région qui paraissait si spacieuse et charmante, et que l'on supposait contenir de grandes richesses." Verrazano donna à New York son premier nom de "Terre d'Angoulême" en honneur de François Ier, issu de la branche des Valois-Angoulême.

En 1965, le grand pont suspendu qui relie Brooklyn et Staten Island, (Verrazano-Narrows Bridge) fut nommé pour l'explorateur. Une Statue de Verrazano fut érigée à la pointe de l'île de Manhattan en pierre de Toscane, sa terre natale.

Les premiers colons de New York furent des Huguenots qui avaient quitté la France et s'étaient d'abord établis en Hollande. Ils vinrent ensuite en Amérique et fondèrent la colonie nommée Haarlem. La Nouvelle Harlem fut bâtie en 1658; en 1661 presque la moitié de ses trente deux habitants masculins furent Français et Wallons. Le premier enfant de la nouvelle colonie fut un Huguenot, Jean Vigné, né dans une ferme près de la rue Wall (Wall Street) actuelle, en 1614. L'origine du nom Wall Street provient de ses premiers habitants, les Wallons francophones néerlandais. Peter Minuit, gouverneur Hollandais de la colonie fut un Wallon originaire de France. L'église française de New York appelée à l'origine L'Eglise Française à la Nouvelle York reçut plusieurs immigrés Huguenots ce qui augmenta dramatiquement la population francophone de New York. En 1697, d'après les estimations de l'époque, parmi les 4,000 habitants de la ville de New York, à peu près 15% étaient huguenots.

Il y eut un courant constant d'immigration de Huguenots à New York. Notons en particulier la famille de Lancey, dont la résidence de style colonial géorgien, édifiée en 1719, divint la Taverne Fraunces ou eurent lieu, durant les années qui précédèrent la Guerre d'Indépendance, les réunions des fils de la Liberté et du Congrès de la Province de New York. L'Église Française du St. Esprit est l'un des monuments huguenots les plus immuables de New York. Une fois l'an en avril, les descendants des Huguenots de la région métropolitaine de New York se joignent aux paroissiens pour commémorer le 15 avril 1589, jour de la promulgation de l'Edit de Nantes, afin d'honorer la foi et le courage de leurs ancêtres. Dans son journal publié à Londres en 1835, E.S. Abdy décrit cette église comme le «lieu ou le culte se fait régulièrement par le pasteur en langue française; beaucoup y assistent uniquement pour étudier le parler d'une langue à la mode.»

L'histoire de l'Eglise St. Phillip's de Harlem date de 1702 lorsque Elias Neau, Huguenot, ancien galérien et prisonnier, envoya une pétition en Angleterre demandant des missionnaires pour instruire les "Noirs et Indiens de New York." En 1704 la Société pour la Propagation de l'Evangile (SPE) chargea Neau d'ouvrir une "école pour Noirs." Neau y enseigna jusqu'à sa mort en 1722.

—Fraunces Tavern, fut achetée en 1762 par Samuel Fraunces, qui en fit une taverne. Le musée est situé sur Pearl Street. L'exposition est ouverte du lundi au samedi 12h–17h. 212-425-1776. On y trouve également un restaurant: 212-968-1776.

—St. Phillip's Church in Harlem: 204 W. 134th Street, New York, NY 10030. 212-862-4940. www.stphilipsharlem.dioceseny.org

—L'Église Française du St. Esprit: 109 East 60th Street. Culte les dimanches 11h15. Leçons gratuites de français 10h. 212-838-5680. www.stespritnyc.net/welcome

Dans un volume intitulé *Voyages en Nouvelle France*, écrit en 1760, l'auteur anonyme décrit sa visite à New York: "J'ai rencontré deux prisonniers français qui séjournaient à leurs frais dans une auberge de Broadway. Avec mes cinq guinées je suis descendu à cette auberge. Le propriétaire, un Français, nous a servi d'excellents mets français trois fois par semaine, et le reste de la semaine il nous a fait de la cuisine anglaise."

Après la Révolution Américaine, de célèbres personnalités militaires séjournèrent à New York: le Marquis de La Fayette, l'Amiral de Grasse, le comte de Rochambeau. Talleyrand, un des diplomates les plus influents de l'histoire européenne, fut un exilé politique pendant la Révolution française et passa deux ans en Amérique. Il occupa, en 1795, une propriété à l'emplacement actuel de la 75e rue.

Comme bon nombre de refugiés de la Révolution Haitienne, Pierre Toussaint, esclave de Jean Berard quitta Haiti en 1787. Son maître l'incitant a apprendre un métier, Toussaint devint le plus célèbre coiffeur de la ville de New York. Libéré à la mort de Mme Berard, il utilisa ses revenus considérables pour des œuvres charitables et fut un des membres fondateurs de l'Eglise St. Vincent de Paul, rue Canal, située aujourd'hui à la 23e rue, et première paroisse "intégrée" de la ville (v. quartier Chelsea, cidessous). La candidature de Toussaint à la sainteté fut inaugurée en 1951. Sa correspondance est conservée à la New York Public Library.

Plusieurs architectes et planificateurs urbains, y compris le Major Pierre l'Enfant qui dressa les plans de la capitale à Washington, vécurent à New York. L'Enfant fit construire à l'emplacement de l'actuel carrefour des rues Grand et Centre, un pavillon, destination du défilé du 23 juillet 1788 célébrant l'adoption prochaine de la Constitution américaine par l'état de New York. Ce fut l'Enfant également qui transforma un vaste hôtel particulier de Wall Street en "Palais du Gouvernement" (Federal Hall), et fit les plans de l'original de la Chapelle St. Paul. Béchèt de Rochefontaine, qui combattit sous Rochambeau pendant la Révolution Américaine et devint Commandant de l'École militaire nationale des Etats-Unis (West Point) est enterré dans le cimetière de la Chapelle St. Paul.

Joseph François Mangin, un autre architecte français édifia la première cathédrale St. Patrick de New York et dressa les plans originaires de l'Hôtel de ville.

Après la défaite de Napoléon à Waterloo, et son abdication en 1815, certains de ses fidèles se réfugièrent en Amérique. Parmi ceux-ci notons le dessinateur Jacques Gérard Milbert, auteur d'un *Itinéraire pittoresque du fleuve Hudson* (1828–1829) dont les dessins furent lithographiés par Victor Adams et ses collègues. Le peintre Jean-Jacques Audubon, né à Saint-Domingue (Haiti) et élevé en France, est considéré comme le premier ornithologue du Nouveau Monde; il est enterré au cimetière de Trinity Churchyard, au croisement de la 155e Rue et de Broadway, dans le quartier de Harlem à New York, où se trouve un imposant monument érigé en son honneur. Alexis de Tocqueville, venu en Amérique afin d'étudier de près la jeune république qu'il décrivit dans son œuvre célèbre, *De la Démocratie en Amérique*, passa à New York la première et la dernière année de son séjour qui dura de 1831 à 1835.

—Musée de la New York Historical Society: On peut y admirer les peintures originales du célèbre peintre naturaliste Jean-Jacques Audubon. 170 Central Park Ouest. 212-873-4400. www.nyhistory. org. Ouvert du mardi au jeudi et samedi de 10h à 18h, vendredi jusqu'à 20h, dimanche de 11h à 17h45.

Les Canadiens-français commencèrent à s'établir à New York au début du 19e siècle. En 1810 une délégation de voyageurs en canots de la Compagnie des Fourrures du Pacifique, fondée par John Jacob Astor, y arriva de la succursale de Montréal, sous la direction de Gabriel Franchère. Washington Irving, l'écrivain américain, les décrivit ". . . arrivant par un beau jour d'été, faisant résonner les bords de l'Hudson de leurs vieilles chansons maritimes françaises . . . au grand étonnement et à l'admiration de ses habitants, qui n'avaient jamais encore vu de canots d'écorce dans leurs eaux."

En 1850 les Canadiens-français de New York fondèrent la Société St.-Jean-Baptiste, organisme consacré à la valorisation de la culture française en Amérique du Nord. Le quartier de New York appelé Yorkville, dans la section est, de la 72e à la 100e rue, fut surnommé "le petit Canada" du fait de son importante population canadienne-française. On y établit plusieurs écoles paroissiales de langue française, et on y bâtit une église. Lors des festivités célébrant le 40e anniversaire de la fondation de la Société St.-Jean-Baptiste, le Major Edmond Mallet, Franco-américain natif d'Oswego dans l'état de New York, devenu inspecteur général pour les affaires amerindiennes du gouvernement du Président Cleveland, prononça le discours principal. Les Canadiens de New York sortirent plusieurs publications: un journal, *La feuille d'Érable* (1886), un magazine hebdomadaire, *Cosmorama*. Le journal *Le Public Canadien* voit le jour en 1867. C'est à New York, en 1874, que se tient la 10e convention nationale des Canadiens-français aux Etats-Unis.

—L'église St.-Jean-Baptiste fut reconstruite en 1884 pour répondre aux besoins d'une population qui continuait à s'accroître. L'église fut remplacée de nouveau en 1913 par une église plus vaste que l'on peut visiter au numéro 184 est de la 76e rue (visites et messes en français). 212-288-5082. www.sjbrcc.net

—Le quartier de New York connu sous le nom de Chelsea comportait également un nombre important d'immigrants français. En 1841 ils érigèrent l'église de St. Vincent de Paul, 123 ouest de la 23e rue. En 1910 la population française s'était accrue à tel point qu'une autre église fut construite près de l'université Columbia. Le caractère ethnique des paroissiens changea au cours des années cinquante, mais on continue à dire la messe en français, le dimanche matin à 11h30, à l'église St. Vincent de Paul. 212-243-4727.

—La Statue de la Liberté, à l'entrée du port de New York, fut un don de la France aux Etats-Unis. Inaugurée en 1886 elle fut l'œuvre du sculpteur français (alsacien) Frédéric Auguste Bartholdi. Haute de 46 mètres, elle fut placée sur un piédestal sur l'île de la Liberté, qui portait autrefois le nom de l'Île Bedloe ainsi nommée pour son premier propriétaire, Isaac Bedloe, Huguenot de Calais, qui s'y établit en 1652. Le musée est ouvert 7j/7 de 8h30 à 18h15. Les horaires changent selon les saisons. Consulter: www.nps.gov/stli/

RÉGION CENTRALE

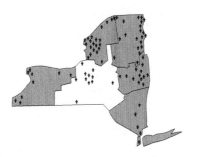

La région centrale de l'état aux alentours des "Finger Lakes" (les cinq lacs de formation glaciaire dont l'ensemble rappelle les doigts de la main,) est classifiée Région Viticole Américaine; son sol fertile ainsi que son microclimat se prêtent admirablement à la culture de la vigne. Champlain fut le premier Européen à parcourrir les territoires des tribus Onondaga et Oneida, les plus importantes de la région. Pour les Français comme pour les Anglais, cette région était un lien d'importance capitale entre la Côte Est et les Grands Lacs, ce qui explique pourquoi le territoire fut ardemment contesté. Cette région est riche également en sites de mission des Jésuites français, les premiers Européens dans la région et qui y vinrent pour prêcher la foi catholique parmi les Amerindiens de 1656 à 1684; ils y établirent les plus anciens sanctuaires de l'Amérique du Nord.

AURIESVILLE—Site du village Mohawk Ossernon, où le Jésuite Isaac Jogues (1606–1646) fut emprisonné et torturé. Il s'échappa et se réfugia à Fort Orange (Albany) puis retourna en France. Revenu en Amérique du Nord en 1644 afin de reprendre son œuvre missionnaire, il établit une mission à Ossernon, avec les Frères Goupil et Lalande. Tous furent mis à mort par les Mohawk le 18 Octobre 1646. Malgré cela, entre les années 1646 et 1670 dix missionnaires s'efforcèrent de convertir les Amérindiens de la région aux intérêts de la France et a sa religion. Ces efforts ne furent pas sans succès, car en 1671 un certain nombre d'Amérindiens quittèrent Caughnawaga, ou Kahnawake, (la ville de Fonda actuelle) pour s'établir parmi les Français au Canada. La réserve indienne actuelle et le village appelé Caughnawaga a neuf miles au sud de Montréal sont les résultats de cette migration. En 1884 la société de Jésus acheta le site d'Auriesville où fut érigée une chapelle. En 1930 Isaac Jogues fut canonisé le premier saint du Nouveau Monde avec les sept autres Martyrs de l'Amérique du Nord. Depuis un siècle le sanctuaire est le site de nombreux pèlerinages.

—Shrine of Our Lady of Martyrs: 136 Shrine Road, Auriesville, NY 12016. 518-853-3033. http://www.martyrshrine.org/

LAC CAYUGA—En 1615 Etienne Brulé parcourut la région au service de Samuel de Champlain, accompagné de douze Amérindiens de la tribu des Hurons. Il fut suivi en 1656 par René Ménard, six autres religieux, dix soldats et trente à quarante colons français, sous le commandement de M. Du Puys pour fonder—à l'invitation des Cayuga la première implantation européenne à l'ouest de la vallée du Mohawk de l'état de New York.

CONSTANTIA—Son parc régional situé dans le lac Oneida, est connu sous le nom Frenchman's Island et aurait été colonisé par une famille française fuyant la Révolution qui s'y installa en 1791 (v. Lac Oneida). http://newyorktraveler.net/frenchmansislandofoneidalake/

COOPERSTOWN—C'est ici que vécut le romancier américain francophile James Fenimore Cooper. En 1811 il avait épousé Susan DeLancey, une descendante de Huguenots. Ce fut elle qui encouragea sa carrière d'écrivain. Son premier livre parut en 1820. Ami de Lafayette, il séjourna à Paris de 1826 à 1833, où il publia *Le Dernier des Mohicans* (1826) et *La Prairie* (1827). Il publia une série de *Contes des Correurs du Bois* dont les premiers parurent durant ce séjour. Les 5 volumes de ses observations comparatives des cultures américaine et française sont également le fruit de son séjour parisien. "En Amérique les fortunes sont facilement et rapidement acquises [. . .] Les hommes se corrompent quotidiennement dans la poursuite rapace du gain. [. . .]Les Français, bien que singulièrement conscients des avantages de l'argent et très susceptibles de céder à son influence dans tous domaines importants, permettent rarement qu'aucune manifestation de son pouvoir ne leur échappe dans les affaires courantes." *Gleanings in Europe*, (1838)

ELMIRA—Lorsqu'il visita la région au dix-neuvième siècle, Louis-Phillipe, Duc de Nemours et Berri, fut tellement frappé par la beauté des

Chutes Shequaga qu'il en fit une esquisse qui se trouve au Louvre aujourd'hui.

—Musée d'Art Arnot: Ouvert en 1913, il contient une collection permanente d'œuvres d'artistes français, y compris Gérome, Breton, Bougereau, Millet, et Rousseau. Situé 235 rue Lake, il est ouvert du mardi au samedi, de 10h à 17h. 607-743-3697. www.arnotartmuseum.org

FAYETTEVILLE et LAFAYETTE—Ces deux villages furent nommés en l'honneur du Marquis de Lafayette, qui visita la région lorsqu'il revint en Amérique en 1824.

GREENE—Les premiers habitants étaient une colonie de refugiées français qui s'y installèrent en 1792. Charles-Félix Bué Boulogne, qui les précéda, acheta une étendue de 15,000 arpents située sur la berge est de la rivière Chenango. La plupart d'entre eux quittèrent les lieux quelques années plus tard. La maison de style pré-victorien surplombant le fleuve fut construite par le Capitaine Joseph Juliand, fils de Joseph Juliand, seul refugié français qui resta à Greene. 2, rue Washington.

LAC ONEIDA—Le 11 octobre 1615, Samuel de Champlain à la tête d'une expedition composée de Français et d'Amérindiens, fut le premier Européen à pénétrer cette région. Beaumont, voyageant avec de Tocqueville décrivit le Lac Oneida ". . . un lac charmant où un exilé de la Révolution Française aurait vécu selon la légende, sur une île nommé Île de France." Beaumont explora l'île sans y découvrir aucune trace de l'exilé.

LYONS—Le village, fondé par Charles Williamson, doit son nom, dit-on, au fait que son emplacement au confluent de deux fleuves rappelle celui de la ville du même nom en France.

MEXICO—Localité anciennement prospère, attira des immigrants de l'est de la France qui s'installèrent dans la localité au nom de Colosse. Une eglise catholique française, St.Anne qui offre toujours des messes le dimanche, fut construite vers le milieu des années 1840. Deux cimetières, l'un protestant, l'autre catholique, étaient réservés à la population française. Les pierres tombales du cimetière de l'Eglise Ste Anne reflètent l'héritage de la communauté d'origine française, comme par exemple celles sculptées pour la famille Salladin.

—Cimetière protestant français: route régionale 11, 1/10 d'un mille au nord de la route 69A, entre Colosse et Hastings. Inactif; certaines des tombes ont été transférées à Central Square et Parish.

—St. Anne, Mother of Mary: 3352 Main Street, PO Box 487, Mexico, NY. 13114-0487. Parish Office: 315-963-7182. Fax: 315-963-4032. Email: sstarofs@twcny.rr.com

MONTOUR FALLS—Nommé pour Catherine Montour épouse d'un chef Seneca, fille d'un Français et d'une mère Algonquine. Mme Montour, avec sa connaissance approfondie de plusieurs langues européennes et amerindiennes, devint une médiatrice culturelle. Elle rejoignit son frère à Albany, où Robert Hunter, Governeur de New York, l'embaucha comme interlocutrice entre les tribus indiennes et les colonies anglaises. Catherine vécut ici avec son mari un chef Oneida, Carundawana, tué en 1729; après la mort de celui-ci, Catherine régna sagement sur le village. A l'ouest du village on découvre une chute impressionante, mesurant 150 pieds. Vers 1820, Louis-Philippe qui allait devenir le dernier roi de France, visita la région et fit un dessin des chutes Chequaga qui se trouve, dit-on au Louvre.

ONONDAGA—Nommé pour les Onondaga, une des Cinq Nations Amérindiennes. Cette tribu était renommée pour ses orateurs et pour ses guerriers. Le "château" onondaga, lieu d'assemblée de la tribu, se trouve à Onondaga Hollow. Le premier village fut incendié par les Onondaga lorsqu'ils apprirent l'arrivée du Comte de Frontenac en 1698. Le passage suivant nous donne une idée de la façon dont les Onondaga voyaient Frontenac, et explique pourquoi ils décidèrent de détruire leur village et de s'enfuir à l'approche des forces militaires françaises:
«Les soldats de Yonnondio (nom que les Onondaga donnaient à Frontenac), dirent-ils, était semblable aux feuilles des arbres—plus nombreux que les pigeons qui reviennent vers le nord après la saison des neiges. Ils étaient armés de gros canons qui lançaient d'énormes boules vers le soleil; lorsque ces boules tombaient sur leur château elles explosaient et répandaient partout le feu et la mort.» (J. W. Barber, H. How, *Collections Historiques de New York*, 1845.)

OSWEGO—Site de Fort Ontario qui fut érigé sur la rivière Oswego en 1727 sous le Gouverneur William Burnet, afin de prendre aux Français leurs avantages commerciaux. Il fut aggrandi en 1755, mais malheureusement pour les Anglais, le fort fut attaqué et pris par les Français en août 1756, après une bataille de trois jours.

Dès 1860 de nombreux Canadiens-français s'y étaient installés, et une Société St.-Jean-Baptiste y fut fondée. Pendant la Guerre Civile, le maire d'Oswego, Major Mallet, né à Montréal, organisa une milice de mille Canadiens-français et de FrancoAméricains qui se joignit à l'armée de l'Union. Mallet devint plus tard Inspecteur Général aux Affaires Indiennes. En 1866 l'ordre enseignant canadien-français des sœurs de Ste. Anne s'établit dans la ville.

PAINTED POST—En 1627 les Jésuites qui avaient exploré la région notèrent que les Amérindiens y avaient découvert et savaient utiliser un combustible huileux d'origine fossile.

PALATINE BRIDGE—Site d'un village ou fort mohawk de Tionondogue sur la rivière Caroga. La mission jésuite de Ste. Marie fut située dans ce village de 1668 à 1684. En 1675, le frère Bruyas y rédigea un dictionnaire de la langue Mohawk. Le village fut détruit en 1693 au cours d'une des batailles importantes de la guerre entre les Français et Anglais.

POMPEY—Durant l'année 1665–1666, à la demande de Karakontie, Chef Onondaga, des colons français vinrent dans son village afin d'inculquer aux Amérindiens quelques rudiments des connaissances du monde européen. Trois ans plus tard, la tribu tua tous les Français, craignant que leur territoire ne soit conquis, car ils les soupçonnaient de s'être alliés avec un group d'Espagnols venus du Mississippi à la recherche d'argent. Ces derniers avaient entendu dire que la région recelait un lac rempli d'argent (Onondaga). Nous savons aujourd'hui que ce lac ne contenait que du sel.

SPRINGPORT—A Great Gully Brook, ravin impressionnant près de Springport, se trouvait le site de la deuxième chapelle Catholique de New York. Elle fut désservie par le Frère René Ménard (1656–68) et le Père Etienne de Carheil (1668–84). On traverse la rivière Seneca sur le pont René Ménard qui porte l'inscription suivante: "Au Révérend Père René Ménard S.J. [. . .] dédicacé à la perpetuation de son nom."

—Une plaque placée par les Knights of Columbus (Chevaliers de Colomb) au croisement des routes 5 et 29 marque l'emplacement de la chapelle de Gully Brook.

STERLING—Le premier colon fut Pierre Dumas, un Français qui s'était battu aux cotés de Lafayette pendant la Révolution Américaine. En reconnaissance de ses services il reçut des terrains à Sterling.

SYRACUSE—La ville fut fondée en 1654 par le Père Jésuite Simon LeMoyne. Des Jésuites et des soldats vinrent à Syracuse pendant les XVIIe et XVIIIe siècles, attirés par ses sources salines, souvent appelées "Puits Jésuites." En 1656 quatre Jésuites, les pères LeMercier, Menard, Frémin, et Dablon décidèrent de fonder avec cinquante autres Français la mission de Ste. Marie de Gannentaha, sur le lac Onondaga, non loin du grand village Amérindien. Les Iroquois avaient pensé qu'il leur serait avantageux de s'allier aux Français, car ils croyaient que ceux-ci construiraient une grande forteresse afin de leur offrir leur protection. En fait le Père LeMercier comptait ainsi continuer son œuvre missionnaire parmi les tribus indiennes de la région. LeMercier fut aidé par le Père LeMoyne qui passa l'hiver dans la région des Onondaga sous les ordres de Zacharie Dupuis, et construisit une redoute et une chapelle sur les bords du lac Onondaga. Plus tard la même année, les missionnaires français, harassés par les Mohawk retournèrent à Montréal, craignant qu'Onondaga ne devienne leur tombe.

—LeMoyne College nommé en honneur du Père LeMoyne, est situé dans le quartier Dewitt de Syracuse.

—Le musée Ste. Marie de Gannentaha est une reconstruction vivante du village et de la mission. Situé route 57 au nord de Liverpool. 315-453-6768. Ouvert de mai à octobre, lundi à vendredi, de 10h à 15h. Samedi à dimanche de 12h à 17h. www. onondagacountyparks.com

RÉGION DU NORD-EST

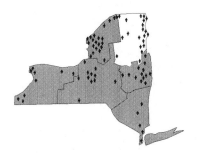

La région des Monts Adirondack, une des chaînes montagneuses les plus anciennes du monde (de la même composition géologique que le massif laurentien au Canada), comporte 46 sommets et plus de 1230 mètres et 2,400,000 hectares de forêts. Les noms de plusieurs sommets, de rivières et de lacs témoignent de la présence de l'élément français dans cette partie de l'état de New York à l'époque des explorateurs et des découvertes. Ses deux plus grands lacs, le Lac George (Lac du Saint-Sacrement) et le Lac Champlain, ont une importance particulière en ce qui concerne l'histoire de la France en Amérique du Nord. Les noms géographiques francophones suggèrent que malgré les escarmouches entre Français et Anglais avant l'année 1763, la région comprenait bon nombre de colons français. De nombreux Canadiens-français ainsi que des Acadiens de la Nouvelle Ecosse, soldats ayant lutté contre les Anglais pendant la Guerre d'Indépendance Américaine, se sont installés dans cette région. Des terres avoisinant le Lac Champlain leur furent attribuées par le Gouverneur de l'état, Clinton, dont la fille avait épousé un Français. Après la Guerre d'Indépendance, bon nombre d'Acadiens originaires de la Nouvelle Ecosse et de Canadiens Français s'installèrent dans le nord de l'état. Le Gouverneur Clinton, dont la fille épousa un Français, leur accorda des terres sur les bords du Lac Champlain afin de reconnaître leur participation à la guerre contre les

Anglais. Celui-ci fit voter deux lois, l'une pour les refugiés de la Nouvelle Ecosse en 1789 et une autre pour le secours aux refugiés du Canada et de la Nouvelle Ecosse en 1797. Les crises économiques et sociales du 19e siècle au Canada français furent causes, à plusieurs reprises, d'une émigration vers les centres d'industries diverses de l'état de New York.

Dans un livre intitulé *The Adirondack Reader,* Marc Cook note que . . . "le sang français se mêle au sang américain en proportion égale, et les neuf-dixièmes au moins de toute cette population sont des descendants de Canadiens-français . . . le croisement de nationalités, le mélange étrange du paysan français et du coureur des bois yankee produit de curieuses juxtapositions de noms: l'anglo-saxon James et John s'alliant aux patronymes Saint-Germain, Labonté et Robal."

AU SABLE—Ce nom fut donné au lac, à la rivière et aux gorges par des explorateurs français à cause du delta sablonné de la rivière. Les gorges qui attirent des touristes depuis 1870, se visitent de la mi-mai à fin octobre. 518-834-7454. http://www.ausablechasm.com/

BOQUET—Rivière nommée pour le frère jésuite laïc Charles Bosquet qui se trouva mêlé à une escarmouche avec les Mohawks. Le nom viendrait peutêtre également du mot français, baquet, qui signifie une grande cuve.

CHAMPLAIN—Nommé pour l'explorateur Samuel de Champlain, la ville est à la frontière du Québec et du New York. On note que dès 1790, des Canadiens-français y avaient construit des habitations. En 1820, l'abbé Victor Dugas, constatant les besoins spirituels de cette population, arrive à Champlain avec une chapelle portative. Quarante ans plus tard, François Van Compenhadt fonda la paroisse Ste. Marie de l'Assomption. En 1880, une convention régionale des Franco-américains du New York se tint à Champlain.

CHAZY—Fondé il y a plus de trois cents ans, ce village du bord du Lac Champlain, s'appela d'abord Corbeau, du nom de la rivière qui le borde. Chazy fut la première colonie canadienne-française dans le comté de Clinton. Elle fut fondée par John Laframboise, cultivateur qui introduisit la culture de la pomme dans cette région. Banni après 1776, il revint à Chazy à la fin de la guerre et y mourut en 1810. Chazy doit son nom actuel au lieutenant de Chazy, membre du régiment de Carignan-Sallières, qui fut tué par des Iroquois en 1666.

CROWN POINT—Nommé à l'origine "Pointe à la Chevelure" (Scalp Point), ce fut le site du fort français Saint-Frédéric. Devant l'anxiété suscitée par les revendications françaises de la Vallée du lac Champlain, Louis XV fit construire en 1731 un fort en rondins entouré d'une palissade en face de la Pointe à la Chevelure. Il approva ensuite la construction d'une redoute sur la pointe en 1734, l'un des forts les plus solides de l'Amérique du Nord, qui fut plus tard nommé Fort Saint Frédéric pour Frédéric Comte de Maurepas, Secrétaire de la marine de Louis XV. Après sa construction, des colonies prospères se dévelppèrent sur les rives est et ouest du lac Champlain. En 1737, la région avoisinant Crown Point fut divisée en seigneuries qui furent exploitées par les colons français. Ces implantations furent détruites au cours de la guerre de la Conquête du Canada. Le phare consacré à la mémoire de Champlain fut construit au moment des célébrations du tricentenaire de l'explorateur français. On y trouve d'Auguste Rodin, un buste en bronze, "La France" qui représente une femme censée être Camille Claudel, modèle et maîtresse de Rodin. Ce bas-relief fut présenté aux Etats-Unis par le peuple français pour honorer Champlain en 1912. Le Mémorial fut rénové en 2009 pour le Quadricentenaire Champlain-Hudson.

—Visite du fort, Routes 22 ou 9, de mai à octobre, de mercredi à lundi de 9h30 à 17h. 518-597-3666/4666.

COOPERSVILLE—Nommé Corbeau à l'origine, fondé par Capitaine Antoine Paulin, originaire de St. Marc sur le fleuve Richelieu et membre du régiment canadien, "Congress' Own," qui combattirent pour l'indépendance des Etats-Unis. Saint Joseph de Corbeau est le site de la première paroisse canadienne-française dans le nord-est des Etats-Unis. En 1828 le Père Victor Dugas en devint son curé. On y trouve également une église catholique, datant de 1844, la plus vielle église canadienne-française de New York.

ELIZABETHTOWN—La ville, située sur la rivière Boquet, fut fondée vers la fin du 18e siècle par William Gilliland qui comptait y amener des colons irlandais. Devenu centre d'exploitation forestière, Elizabethtown alimentait le marché d'exportation du bois au Québec. Bon nombre de Canadiens-français trouvèrent du travail à Elizabethtown. Les paroles de la chanson (l'auteur en est inconnu) "Le Bal à Elizabethtown" témoignent du mélange ethnique dans la région à cette époque:

There was four of us big Irish lads/Nous étions quat' grands Irlandais
Got on the floor to dance/Qui avions commencé la danse
With four as pretty French girls/Avec quat des plus belles filles
As ever came from France/Qui soient jamais venues de France

FORT EDWARD—Site d'un fort érigé par les Anglais à l'époque des guerres coloniales. Ce fut un dépôt d'armes important et un lieu de rendez-vous pour les troupes militaires durant les grandes expéditions contre le Canada.

FORT TICONDEROGA—A cet endroit fut construit le fort Carillon entre 1755 et 1759 sous Pierre de Rigaud de Vaudreuil, Gouverneur de la Nouvelle France. Ce fort, un des haut lieux stratégiques de l'Amérique du Nord, fut pris aux Français en 1759. Un village français s'était établi près du fort où les soldats et les villageois pouvaient assister à la messe. Un excellent exemple d'architecture militaire française du style Vauban, en forme d'étoile, Ticonderoga fait partie d'une trentaine de forts du même style en France comme en Amérique. Sa bibliothèque contient plus de 13,000 volumes sur l'histoire militaire du nord-est de l'Amérique du Nord et de la Nouvelle France au XVIIIe siècle.

—Le Fort Ticonderoga: Route 73. Ouvert de mai à octobre de 9h à 17h. 518-585-2821. Entrée payante. http://www.fortticonderoga.org/

KEESEVILLE—Situé sur les bords de la rivière Ausable, le village se nomma d'abord "Longue Chute." La prospérité de son économie, fondée sur l'exploitation forestière, le tissage de la laine et la métallurgie, attirèrent maints ouvriers canadiens-français. Le R. P. Fabien Bernabé, curé de la paroisse, accueillit en 1873 et à nouveau en 1877, Louis Riel, chef des Métis et fondateur de la province du Manitoba, qui fut pourchassé par le gouvernement canadien à la suite d'une rébellion en Saskatchewan. L'Eglise Saint-Jean-Baptiste fut fondée en 1853 par la communauté francophone Catholique sur le site de l'ancienne l'église baptiste construite en 1825. Avec l'acroissement de la paroisse les Catholiques construirent une nouvelle église avec des tours jumelles de 125 pieds en 1901, face au cimetière de Keeseville.

LAC CHAMPLAIN—En 1609, l'explorateur Samuel de Champlain accompagnait un group d'Amérindiens Algonquin, Montagnais et Huron dont l'intention était de livrer bataille aux Mohawk. Le 14 juillet, le groupe arriva sur les bords du lac. Champlain nous le décrit ainsi: "En icelle y a nombre de belles isles qui sont basses, remplies de très beaux bois et prairies." Le contingent rencontra l'ennemi Mohawk à Ticonderoga où Champlain tua deux chefs et un guerrier avec un seul tir de son arquebuse, mettant fin pendant de nombreuses années aux hostilités qui avaient opposé les Mohawk et leurs voisins au nord. Au cours de plusieurs années, les stratèges militaires français développèrent des projets qui devaient utiliser le Lac Champlain pour lancer une attaque contre les colonies britanniques. En juin 1689, Louis XIV approuva enfin un assaut, mais 1300 Iroquois Mohawk, incités par les Anglais, envahirent le Canada et détruisirent le village de Lachine sur l'île de Montréal. La Paix de Ryswick mit fin aux hostilités en 1697. A l'ouverture du lac à la navigation commerciale en 1818, des Canadiens-français vont émigrer dans la région et travailler comme débardeurs.

LAC GEORGE—En 1642 les missionnaires René Goupil et Guillaume Coutre furent les premiers Européens à voir le lac. En 1646, le Père Isaac Jogues, missionnaire jésuite, ayant atteint les bords du lac la veille de la fête de Corpus Christi, en mai 1646, il lui donna le nom le lac du Saint Sacrement. Le nom fut changé par les Anglais en 1755. On entend parler le français en été dans les rues de la ville de Lake George, car une large part de l'économie estivale de la région vit du tourisme québécois.

—Fort William Henry: Une reconstruction du fort anglais qui fut pris par Montcalm, Gouverneur de la Nouvelle France au cours de la Guerre de Sept Ans contre les Anglais. Route 9. Les visites vont de mai à octobre de 10h à 18h. 518-668-5471. Entrée $14.95. http://www.fwhmuseum.com/

—Lake George Battlefield park: Il s'y trouve un sanctuaire du premier saint martyre de l'Amérique du Nord Isaac Jogues. Ce sanctuaire donne lieux à de nombreux pèlerinages franco-américains. Un monument exécuté par Charles Keck, érigé en honneur du Père Jogues, porte l'inscription suivante: "Ambassadeur de paix auprès des cinq Nations iroquoises."

LAC SARANAC—Le docteur Edward Livingston Trudeau, aux origines louisianaises et canadiennes par son père, et parisiennes par sa mère, passa la plupart de son enfance en France. Il se remit d'une maladie pulmonaire dont on le croyait incurable, grâce à l'air salubre de cette région montagneuse. Il fonda ensuite un sanatorium ou furent soignés les tuberculeux.

Parmi ceux qui séjournèrent sur les rives du lac Sarnac pour profiter de son climat bénéfique, notons Mark Twain, Robert Louis Stevenson et Somerset Maugham. Stevenson écrivit à un ami en 1887 . . . "lorsque je contemple ces paysages aux riches couleurs j'aimerais pouvoir continuer mes randonnées dans la forêt, hélas nous n'irons plus au bois; voilà ma pauvre chanson." L'Institut Trudeau est dans la ville de Saranac Lake.

—L'Institut Trudeau se consacre à la recherche médicale; il se trouve au 154 Algonquin Avenue, Saranac Lake, NY 12983. 518-891-3080. http://www.trudeauinstitute.org/

LUZERNE—Lac et village qui portent le nom du chevalier de la Luzerne, un ambassadeur de la France aux Etats-Unis de 1779 à 1783.

PLATTSBURGH—La ville se trouve au bord du lac Champlain, non loi de la frontière canadienne. Durant la rébellion de Papineau en 1837–1838, Plattsburgh fut un lieu de refuge pour les patriotes canadiens, dont plusieurs s'établirent par la suite aux Etats-Unis. En 1854, la communauté bâtit l'église St. Pierre (après avoir auparavant partagé une église avec la communauté irlandaise), qui fut desservie par des membres de l'ordre des Oblats. Plattsburgh fait partie de la province franco-américaine de cet ordre dont la maison mère est en France.

En 1871, à Plattsburgh les Franco-américains fondèrent la Société Saint-Jean-Baptiste. Un journal, *Le National*, fut fondé en 1882, une année avant que la ville soit l'hôte du sixième congrès des Franco-américains du New York. Aujourd'hui, durant la période estivale, Plattsburgh est l'un des endroits de villégiature préféré des Montréalais. C'est à Plattsburgh, à la State University of New York que se trouve un des plus importants centres d'études canadiennes des Etats-Unis.

RAQUETTE—Le folklore fait état de plusieurs versions des origines canadienne-françaises (ou amérindiennes) du nom de la rivière et du lac.

ROUSES POINT—Le nom vient du soldat Jacques Roux, qui combatit avec les colons durant la guerre d'Indépendance américaine. Ludger Duvernay, un des chefs des Patriotes de 1837–38, s'enfuit du Québec pour demeurer à Rouses Point après la défaite des Patriotes.

SCHROON LAKE—Selon la légende, ce lac aurait été nommé pour Françoise d'Aubigné, Marquise de Maintenon, qui épousa le célèbre poète Paul Scarron. Lorsqu'il mourut en 1660, elle fut choisie comme gouvernante des enfants royaux, et acheta une propriété à Maintenon, d'où elle tira son nom. Après la mort de la reine Marie-Thérèse, elle devint l'épouse morganatique du Roi Louis XIV.

TUPPER LAKE—Le village a une population d'ascendance canadienne-française importante. On y fonda, en 1883 une filiale de la société Saint-Jean-Baptiste pour veiller à la conservation de la culture française. La communauté franco-américaine y fit venir de Bretagne les Filles du Saint-Esprit, exilées de France en 1903. Elles y restèrent un siècle, quittant le village en 2003. Elles y fondèrent l'Académie du Saint-Esprit, école de la paroisse de langue française, St. Alphonsus, où y étaient inscrits jusqu' à cinq cent élèves.

WHITEHALL—Situé à l'extrémité sud du lac Champlain, le village fut visité par Tocqueville et Beaumont à l'automne de 1831. Étant donné l'abondante force hydroélectrique, de nombreuses industries s'y développèrent pendant la deuxième partie du 19e siècle et le début du 20e. On y trouve aujourd'hui une population franco-américaine importante et une église catholique francophone, l'église de Notre Dame des Victoires, rebaptisée Our Lady of Hope. Elle fut fusionnée avec l'église Our Lady of Angels, l'ancienne paroisse irlandaise, en 1986.

RÉGION DES MILLE-ILES/VOIE MARITIME DU SAINT-LAURENT

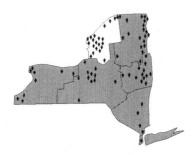

L'histoire de la région des Mille-Iles/Voie maritime du Saint Laurent nous fournit un panorama unique de l'apport français en Amérique. Que ce soient les missions, les postes de traite ou encore les différentes tentatives de colonisation, chacun de ces éléments relie historiquement cette région à la France et aux provinces d'Ontario et de Québec qui la touchent. Ils donnent à cette région un caractère unique que l'on ne trouve nulle part ailleurs aux Etats-Unis.

La région des Mille-Iles est située à la source du fleuve SaintLaurent. Cette région fut parcourue par des explorateurs et des missionnaires français, qui voulaient disséminer la religion catholique et conquérir des territoires pour la France dans le Nouveau Monde. Samuel de Champlain débarqua près de la ville actuelle d'Ellisburg, au sud de Watertown, New York. Le Fort Présentation (aujourd'hui Ogdensburg) fut l'un des chaînons des missions françaises qui s'étendaient au 18 e siècle d'un bout à l'autre de l'état ainsi que le long des voies navigables à l'intérieur du continent. Plus tard, les colons français du Canada s'établirent sur les rives du fleuve jusqu'à sa source contrôlant ainsi la principale voie de communication et de commerce de l'Amérique du Nord.

Après le traité de 1788 avec les Amérindiens, et la vente du territoire qui en résulta en 1792—l'Achat Macomb—des colonies permanentes s'établirent dans la région forestière entre la Rivière Noire et le SaintLaurent. Pierre Chassanis, Directeur de la "Compagnie de NewYork." acheta des milliers d'hectares, pensant ainsi encourager des royalistes français dépossédés de leurs biens au moment de la Révolution Française à venir s'installer dans la region. On y trouve donc encore des habitations construites en pierre blanche (calcaire) par des exilés, bon nombre d'entre eux venant de Lorraine (les communautés de Saint-Marcel et de Rosière) et de Champagne. Ils pensaient fonder deux colonies: Basle (à Dexter) et Castorland (à Lyonsdale Falls). Le premier groupe de colons fut décimé par la maladie en 1783. De 1796 à 1800 une vingtaine de familles nobles, victimes de la Révolution, s'établirent à Castorland. Dès l'année 1804, cependant, des difficultés insurmontables: la maladie, le pénible travail, la nature du terrain, forcèrent bien des familles à retourner en France. Pourtant ce ne fut pas la fin des essais de colonisation française dans la région.

Jacques-Donatien LeRay de Chaumont, originaire de Nantes, était un financier qui possédait de vastes domaines sur la Loire, entre Blois et Tours. Ami de Benjamin Franklin, il éprouva envers les Américains qui se battaient pour leur indépendance, un sentiment de profonde sympathie. Ce fut Le Ray, que bien des chercheurs nomment "Père français de la révolution américaine." qui encouragea les Français à venir en aide aux Américains. Il renonça à son poste officiel au gouvernement afin d'être à même de dénicher des fonds à titre privé et de négocier des emprunts pour aider les Américains. Il prit sur sa fortune personnelle pour armer plusieurs vaisseaux à l'aide desquels John Paul Jones sema la terreur sur la côte anglaise. Il envoya aussi un cargo de poudre à canon à Boston, des vêtements à l'armée de La Fayette et apporta aux efforts de Franklin à Paris un appui inestimable.

Après la guerre, Le Ray envoya aux Etats-Unis son fils Jacques, en qui il avait toute confiance, et le chargea de récupérer certains prêts et obligations financières. Bien que Jacques Le Ray n'ait put mener à bien cette mission, il fit la connaissance d'une jeune Américaine qu'il épousa, et il se procura des biens dans les comtés Otsego, Jefferson et Lewis. Il revint en France où il vécut durant les années de la Révolution Française. Néanmoins, en 1806 Jacques Le Ray revint avec sa famille sur le territoire de Castorland (voir LeRaysville).

Après la chute de Napoléon un certain nombre d'émigrés bonapartistes vinrent s'établir à Cap Vincent. En 1815 Jacques Le Ray reçut la visite de Joseph Bonaparte, roi déchu d'Espagne et frère de l'Empereur Napoléon 1er. Joseph acheta 10,736 hectares près de Natural Bridge pour la somme de 120,000$, et il y construisit une résidence et un pavillon de chasse (voir Lac Bonaparte et Natural Bridge). On dit que la résidence construite par les Bonapartistes devait servir à Napoléon au cas où celui-ci réussirait à s'évader de Sainte-Hélène. Parmi les membres de ce groupe fidèle à l'empereur se trouvaient le Comte Réal, membre du Conseil d'État sous l'Empire, le professeur Pigeon, astronome réputé et le Maréchal Grouchy qui s'était rendu célèbre à Waterloo.

ANTWERP—On peut voir à cet endroit quatre maisons qui auraient appartenu à Caroline De Faille Benton, fille naturelle de Joseph Bonaparte et d'Annette Savage. Caroline Bonaparte Benton repose dans le cimetière presbytérien d'Oxbow, terre qui avait fait partie des propriétés de son père.

ALEXANDRIA BAY—Porte le nom d'un des fils de Jacques LeRay, Alexandre. Celuici y construisit un quai et un entrepôt.

CAPE VINCENT—Nommé en honneur d'un des fils de Donatien LeRay de Chaumont. Ce dernier dota la ville d'un quai et d'un entrepôt, traça de belles rues et y construisit une église catholique sur un terrain de 40 hectares. Milbert, artiste français du 19e siècle, dit de la région: ". . . la population est un mélange d'Américains, d'Allemands et de Canadiens; ceux-ci, hommes et femmes, sont beaux et de belle taille; certaines des filles sont même d'une beauté remarquable . . . en général les Canadiens ne s'établissent pas sur la rive sud du fleuve, mais certains y travaillent comme maçons et charpentiers; leur occupation favorite, cependant est celle de bateliers, métier pour lequel ils semblent avoir hérité le savoir-faire et le courage de leurs ancêtres de Dieppe. . . ." (J. G. Milbert, *Itinéraire pittoresque du fleuve Hudson et des parties latérales de l'Amérique du Nord*, Paris. 1828–29). L'illustre "Stone House" construite par Vincent Le Ray, qui servit de refuge aux Patriotes canadiens en 1838 se trouve sur la berge du St. Laurent à Tibbets Point.

—On commémore chaque année à Cap Vincent la prise de la Bastille le 2e samedi de juillet. On y sert des plats français traditionnels, et on exécute des chants et des danses folkloriques.

—La maison connue sous le nom de "Cup and Saucer House" fut construite en 1821 par le Comte Pierre-François Réal, ancien préfet de police sous Napoléon Ier. La maison devait, dit-on, servir de refuge à l'empereur; de forme hexagonale, la partie principale de la maison, ou ce qu'on appelle "la tasse et la soucoupe," se composait de deux salles contenant des reliques de Napoléon. La maison fut détruite par un incendie en 1867, mais les fondations du bâtiment original font partie de la bibliothèque municipale de Cap Vincent.

—Le Musée de Cap Vincent: Contient des généalogies des photographies et des effets des fondateurs français. 175 N. James Street. 315-654-4400. Il est ouvert de juin à août, le mercredi de 10h à 16h et de 19h à 21h. http://www.capevincent.org/attractions

—Maison Jean-Philippe Galband du Fort, rues James et Lake: Fut construite de 1818 à 1821, On y admire en particulier un plafond à caissons décorés de 24 peintures dont les portraits de La Fayette, de Napoléon Bonaparte et de Chateaubriand.

—Stone House: Maison de Vincent Le Ray, construite en pierre blanche (calcaire) en 1815, située sur Tibbetts Point. La maison est classée monument historique dans le National Historic Register.

—Maison Xavier Chevalier, 6338 Gosière Road: Également de pierre blanche, la maison fut construite en 1852 sur un terrain acheté à Vincent Le Ray par Xavier Chevalier que l'on disait être d'origine québécoise.

—Ferme Nicolas Cocaigne, 2867 Favret Road: Construite par Cocaigne, originaire d'Aubercy en France.

—Cimetière de Rosière: On y voit les pierres tombales, datant du début du XIXe siècle, des premiers Français à s'établir ici.

CARTHAGE—En 1798, Henri Boutin prit possession de 400 hectares près des "Long Falls," l'emplacement de Carthage. Alors qu'il s'occupait de faire des améliorations à sa concession. Il périt dans une inondation. Au cours des années 1880 Le Ray aménage à Carthage une forge et un haut fourneau pour traiter le minerai de fer.

CHAMPION—En 1798, Jean Baptiste Bossuot, de Troyes en France, établit un bac ou traversier ainsi qu'une taverne sur la Black River.
Site de la résidence de la Baronne Jenika Fériet. Construite en pierre en 1834, la résidence fut nommée l'Hermitage. Madame de Fériet, femme spirituelle, artiste, linguiste, recevait avec élégance. L'Hermitage fut détruite en 1871 par un incendie.

CHATEAUGAY—Reçut son nom d'une propriété avoisinante appartenant à Charles LeMoyne. Ce village situé sur la route 11 fut fondé en 1796 principalement par des Vermontois qui furent rejoints par un nombre considérable de Canadiens-français en 1837–1840, au moment de la Rébellion Papineau.

CHAUMONT—La ville fut nommée pour Jacques Le Ray de Chaumont dont la famille était propriétaire du château Chaumont dans la vallée de la Loire. Une grande partie des terres du comté de Jefferson appartenait à James Le Ray de Chaumont. Il construisit la première maison de pierre de la région. C'est ici que se trouvait également le châlet de chasse de Vincent Le Ray de Chaumont, ultérieurement transformé en taverne et connu aujourd'hui comme la *Charles Dunham House*.

DEFERIET—Nommé pour Jenika Feriet, demoiselle d'honneur de Marie-Antoinette, qui s'enfuit de France au début de la Révolution française. La Baronne de Feriet était amie de la famille Le Ray (Voir plus loin).

ELLISBURG—Samuel de Champlain débarqua pour la première fois dans la région à cet endroit en 1615.

EVANS MILLS—Maison de Faille, ayant appartenue à Annette Savage, maîtresse de Joseph Bonaparte. La maison fut construite en 1818.

HOGANSBURG. Hameau situé dans la réserve Mohawk St. Régis qui tire son nom de celui du noble Jean-François Régis, décédé en France avant de pouvoir rejoindre le Nouveau Monde et le poste de missionnaire auquel il avait été affecté.

LAC BONAPARTE—Nommé pour le frère de Napoléon, Joseph Bonaparte, roi d'Espagne, qui acheta 26,840 hectares dans cette région de James Le Ray. Il vécut sur les bords de ce lac et construisit un pavillon de chasse près d'Alpina. Il y tenait une cour miniature qui passait l'été en festins et réjouissances diverses, y compris des promenades en gondole à six rames sur le lac.

LAFARGEVILLE—Porte le nom de Jean LaFarge, porte-drapeau dans l'armée de Napoléon 1er, et combattant dans la Révolution haitienne, possédait de vastes domaines dans le comté Jefferson. En 1817, LaFarge acheta des terrains dans le nord du comté. Il bâtit une résidence à

Thérésa mais ne put l'habiter car vandales et squatters lui rendirent la vie impossible. Il construisit donc une seconde résidence, Orléans House (maison Orléans) à Log Mills, qui devint plus tard Lafargeville. La Farge épousa une jeune fille de seize ans qui le persuada d'aller demeurer à New York. Le Français, Monseigneur Dubois, évêque de New York, acheta la résidence en 1840 et y fonda un séminaire catholique.

LERAYSVILLE—Site du Manoir Le Ray, résidence de Jacques LeRay, considéré comme le "Père du comté Jefferson," fut construite en 1808. La maison, de style néoclassique, dont la façade est ornée de quatre colonnes doriques, est actuellement occupée par le général commandant la 9e division d'infanterie légère (Fort Drum).

La Résidence Le Ray devint un véritable centre culturel pour les émigrés français durant le 19e siècle. L'artiste français Milbert visita LeRaysville, et ajouta un dessin de la demeure à sa collection de lieux célèbres en Amérique. La résidence, classé monument historique, est ouvert au public.

LYONSDALE—La colonie de Castorland fut, dès 1792, le lieu d'implantation de courte durée de refugiés français.

MALONE—Plus de 60% des résidents de cette ville sont d'ascendance canadienne-française, ce qui explique ses liens traditionelle avec le Québec. Une paroisse francophone, Notre-Dame de Malone, fut fondée en 1868. Parmi les organisations d'origine québécoise, notons La Société de bienfaisance Saint-Joseph, fondée en 1874, et l'Union Saint-Jean-Baptiste, fondée en 1872.

MASSENA—Fondée par Amable Faucher, la ville fut nommée pour André Massena, ancien combattant de guerres napoléoniennes.

—Centrale hydroélectrique de Massena: Au centre de visiteurs du barrage Moses qui fait partie de la voie maritime du Saint Laurent, on peut voir une peinture murale qui retrace la route suivie par Jacques Cartier lorsqu'il remonta les rapides en route vers l'ouest.

NATURAL BRIDGE—Site de la résidence de Joseph Bonaparte, construite en 1828. On dit qu'elle avait des murs épais, à l'épreuve de balles ennemies, et des ouvertures en forme de cônes qui permettaient de voir venir un assaillant anti-napoléoniste, ou de tirer sur lui. Bonaparte y résida sous le pseudonyme de comte de Survillers. La résidence, située sur la Rivière Indienne, fut détruite en 1901.

OGDENSBURG—François Piquet, un Jésuite français, construisit Fort Présentation en 1749 afin de poursuivre son œuvre missionnaire parmi les Indiens et pour servir de poste de traite de fourrures. Monseigneur Laval, premier évêque canadien, s'y rendit en 1757. Environ 60% de la population est d'origine canadienne-française et la ville maintient des liens avec le Canada. En 1838, Ogdensburg servit comme base pour l'aide américaine fournie aux combattants de la Rébellion des Patriotes. Cette tentative des Canadiens et de leurs sympathisants américains de libérer le Canada du joug anglais n'aboutit pas.

ORLEANS—Nommé par Jean LaFarge pour la ville d'Orleans en France.

PLESSIS—Jacques Le Ray donna à ce village le nom d'un de ses domaines en France, et y bâtit un moulin à blé.

WADDINGTON—Avant la reddition de l'Île Royale aux Anglais en 1760, un commandant français y enterra 500 livres d'or. Aux environs de 1860, Pauchet, qui passait pour le petit-fils du commandant, déterra cet or. Mais avant qu'il ne puisse regagner le rivage, une tempête s'éleva. Refusant d'abandonner son trésor, il se l'attacha autour de la taille et se noya, l'emportant avec lui.

WATERTOWN—Site de la bibliothèque érigée à la mémoire de Roswell P. Flower. Des peintures d'artistes français ainsi que des meubles d'époque se trouvent dans la salle Joseph Bonaparte.

—Bibliothèque Roswell P. Flower: 229 Washington Street. 315-788-2352. Fermé le samedi, le dimanche, Memorial Day et Labor Day. www.flowermemoriallibrary.org/

RÉGION DE L'OUEST

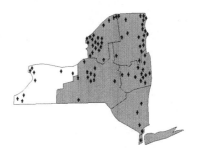

Les Chutes du Niagara représentaient pour les Français un obstacle considérable à leur avance vers l'intérieur du continent. Le portage autour des Chutes était le point critique d'un réseau de transport qui, de son point de départ à la capitale française de Québec s'étendait vers le centre du continent nord-américain. La frontière du Niagara était donc pour les explorateurs et pour les coureurs des bois le "portail" vers l'ouest et vers la vallée du Mississippi. La région fut parcourue tout d'abord par des missionnaires jésuites français au cours des années 1620 à 1640. En 1679, l'explorateur français Robert Cavalier, Sieur de la Salle, parvint à la frontière ouest durant l'hiver 1678–79. La Salle nous donne l'une des premières descriptions des Chutes du Niagara. Il érigea à cet endroit la première unité de fortifications dont le contrôle fut longtemps disputé. Le dernier de ces points fortifiés était Fort Niagara. Plus d'un siècle s'écoula entre les explorations de La Salle et l'installation d'une colonie. Au dix-huitième siècle Louis-Thomas Chabert de Joncaire, un commerçant français, reçut la permission d'établir un poste de traite pour le gouvernement français. Six ans plus tard, en 1726, il conduisit des négociations qui résultèrent en la construction d'un fort, assurant aux Français le contrôle du portage du Niagara et de la voie vers l'Ouest.

ANGELICA—EN 1805 le propriétaire, le juge Philip Church accueilla des refugiés royalistes les D'Autremont et les Du Pont, qui s'y installèrent.

BUFFALO—L'origine du nom est incertaine, l'une des suppositions voulant que le mot soit une transformation des mots français "beau fleuve." D'après une source, le premier nom de la Rivière Buffalo attribué par les Français avant celui de la ville, était "Rivière aux Chevaux." Buffalo est la deuxième ville de l'état par ordre d'importance. Fondée par les Français en 1758 elle fut détruite l'année suivante au cours de la dernière bataille franco-anglaise pour la suprématie du continent. En 1831, lorsque Beaumont vint à Buffalo avec de Tocqueville il nota que ce "n'est plus un misérable village indien . . . mais une ville en pleine croissance, de 1500 habitants, dont la plupart sont coureurs des bois."

—Le musée d'art Albright-Knox contient entre autres une collection de peintures françaises. 1285 Avenue Elmwood. 716-882-8700.

Ouvert tous les jours sauf lundi, de 10h à 17h.

CELORON—Céloron de Blainville, commandant du Fort Niagara de 1744 à 1747, plaça en 1749, près du site actuel de Céloron, des bornes de plomb dont les inscriptions notaient les droits territoriaux de la France à la vallée de l'Ohio.

CHARLOTTE—En 1669 Gallinée et Dollier, deux pères jésuites, se retrouvèrent à cet endroit, et prêchèrent la religion catholique parmi les Seneca de la région.

LEROY—Nommé en l'honneur de Herman Le Roy, émigré français qui, le premier, y acquit un terrain et s'y établit.

LES CHUTES DU NIAGARA—Voyageurs et missionnaires français admirèrent cette merveille de la nature durant les dix-septième et dix-huitième siècles. Le Père Louis Hennepin, missionnaire français, nous en donne la première description. En Décembre 1678, Hennepin et quelques compagnons atteignirent la formidable cataracte. Il en fit une description minutieuse, exagérant seulement la hauteur des chutes. Beaumont nous dit que le mot "Niagara" vient du mot Seneca pour "les eaux qui font un bruit de tonnerre." Étant donné l'importance stratégique de l'emplacement des Chutes pour la Nouvelle-France, deux forts furent érigés près de là en 1745 (cf. les passages sur Lewiston et Younstown plus bas.)
D'après la légende, Jérôme Bonaparte, un des frères de Napoléon, aurait été le premier à passer sa lune de miel auprès des Chutes du Niagara. En

effet, au cours de l'hiver 1803–1804 il y mena sa nouvelle épouse, Elizabeth Patterson de Baltimore. D'autres jeunes mariés les imitèrent. Jusqu'en 1836, époque à laquelle on put y accéder par chemin de fer, le voyage n'était pas sans quelque difficulté, et ceux qui l'entreprenaient avaient tendance à y prolonger leur séjour de plusieurs semaines sinon plusieurs mois.

LEWISTON et YOUNGSTOWN—Le fort Conti fut érigé par les Français à l'emplacement de Youngstown durant l'hiver de 1678–79. La Salle fut chargé de sa construction, et espérait ainsi assurer la protection de la construction navale qu'il dirigeait également. Ce n'était guère qu'une palissade et un entrepôt pour les hommes qui travaillaient en amont des Chutes. Lorsque le navire de La Salle, le "Griffon," fut perdu en 1679, le Fort Conti brula et fut abandonné. Il n'avait duré qu'un an, mais il représentait la première brèche dans le système de défense des Iroquois. En 1687 le Gouverneur Denonville érigea un second fort, Fort Denonville, sur le Niagara, afin d'affirmer la présence de la France à la frontière et de démontrer aux Iroquois la force militaire française. L'hiver suivant, irrités par la présence des Français sur leur territoire, les Iroquois assiégèrent le fort, en isolant la garnison qui comptait une centaine d'hommes. Au printemps de 1688 il n'en restait qu'une douzaine. Pour commémorer la résistance des assiégés, le Père Pierre Millet érigea une croix de bois de dix-huit pieds. (La croix de bronze qui porte son nom, et qui fut dédié en 1926, évoque le souvenir de cette première croix.) Les Français abandonnèrent le portage du Niagara durant les trente années qui suivirent.

En 1719, les Français changèrent de tactique et entreprirent de négocier avec les Iroquois. Louis-Thomas Joncaire de Chabert, qui avait vécu parmi les Seneca et qui parlait leur langue, entama des négociations avec eux en vue d'établir un poste commercial. Il obtint la permission de le faire un an plus tard à l'emplacement de Lewiston actuel. Six ans plus tard on lui demanda de persuader les Indiens de permettre aux Français d'établir un nouveau poste commercial en aval des Chutes. Les Français érigèrent à cet emplacement une véritable fortification qui reçut le nom de "château," lorsqu'elle fut terminée en 1727. Pendant trente ans, grâce à ce "château" qui devint Fort Niagara, les Français purent surveiller à la fois le portage et le portail vers l'ouest.

En 1755–1756, au cours des conflits pour la suprématie militaire et politique entre Français et Anglais, les Français renforcèrent le fort afin de résister aux assauts des Anglais. Durant l'été de 1759 le capitaine français Pouchot et ses hommes, assiégés par les troupes du général John Prideaux, firent des efforts héroïques pour repousser l'attaque des forces anglaises qui les dépassaient de beaucoup en nombre. Pendant dix-neuf jours les assaillants creusèrent des tranchées, se rapprochant des murs sans réussir à prendre la forteresse. Le 25 juillet, un jour ou deux avant l'arrivée des renforts français, le capitaine Pouchot capitula. La prise de ce fort marqua la fin des efforts français dans cette région.

—Fort Niagara, reconstruction du fort: Robert Moses Parkway. 716-457-611.

Ouvert tous les jours de 9h à 17h sauf en juillet et août, de 9h à 19h. oldfortniagara.org/

ROCHESTER—Devenue ville industrielle au dix-neuvième siècle, la ville attira de nombreux groupes d'immigrants, y compris des Canadiens-français. En 1848, l'évêque de Buffalo y créa une mission française afin de desservir les Canadiens. Trente-sept ans plus tard, en 1885, la Convention nationale de Canadiens-français aux Etats-Unis devait se réunir à Rochester.

VICTOR—Site de Gannagaro, grand village seneca, détruit par les Français sous le Marquis de Denonville en 1687. Le col près de Victor fut le site d'une bataille entre les Français et les Senecas. Le Père Joseph Chaumont y séjourna pour convertir les Amerindiens en 1658; quinze ans plus tard, un autre Jésuite, le Père Pierron construisit la chapelle de Saint Jacques.

—Site Historique Ganondagan. Village Amerindien Seneca reconstruit. Boughton Hill Road. 585-924-5848. Centre d'accueil. Ouvert du mardi au dimanche de 9h à 17h, de mai en septembre. http://www.ganondagan.org

YOUNGSTOWN—Voir Lewiston et Youngstown, ci-dessus.

INDEX

INDEX